"育"归何处

肖卫民 ◎ 著

上海人民出版社

以生命影响生命
（代序）

项秉健

德国哲学家雅思贝尔斯说过："教育就是一棵树摇动另一棵树，一朵云推动另一朵云，一个灵魂唤醒另一个灵魂。"以生命影响生命，这是教育的本质。AI永远无法复制。

人一定要从对象世界反映自己的本质。"人生到世界上来没有带着镜子"（马克思）。只有把你的本质力量实现出来，作用于具体对象，你才被部分地显现出来。肖卫民老师38年的执教生涯，充满着生命教育的张力。生命教育就是为实现"我之为我"生命价值的教育。她是一位生命教育践行者，亦由此，以生命学习为源动力；不断学习，不断作用对象。从内心（生命）出发，作用对象，复返内心。读者所看到的，是她的一段段回忆、一个个故事，犹如一片片闪光的羽毛，透视着反思、自省的理性光耀。"人"字的结构就代表生命教育——相互支撑，充满张力。生命教育通常是两个面的切换——探索，不断探索；反思，不断反思。后者是自省的，更是生命教育的基础面。

那是一个不应有尽有，漠视别人也漠视自己的女生，几乎刀枪不入。肖老师邀她一起做了个"生死游戏"。"在纸上写五个你亲人的名字，或者朋友，是那种爱你的或你爱的。"一场天灾，夺取了其中一位亲人性命。"请你用笔把他的名字划掉！"一次车祸，有一位伤势最重，在送往医院途中，不幸去世了。"请你再划掉一个。"肖老师继续说了第三件残忍的事，当划掉第三个名字的时候，女孩握笔的手在颤抖，眼含泪光。所有的情节，都在宛如身临其境的氛围中展开，有渐暗的天色、忧伤的音乐烘托，肖老师完全沉浸其间，几乎泪崩。当划掉第四个名字时，女孩难以自控，与肖老师紧紧相拥，泣不成声。"这哪里是游戏啊，分明是用刀在挖她心，也是挖自己，好痛好痛！这哪里是谈话啊，分明是用灵魂撞击她的灵魂，好累好累！这哪里是教育啊，分明是用生命在唤醒生命，好伤好伤！"肖老师如是说。女孩残留心间的柔情，被全部激发出来，热泪就是她溢出的爱，真不枉师生一场"生死之交"。

社会是个充满标签的世界、割裂的世界。社会化标签使得学生与老师之间产生了不平等。做老师的第一件事，恐怕就是要蹲下身子，因为，唯生命与生命是平等的。把社会化标签的老师"推"得愈远，那个真正意义的老师就跟学生愈近。老师不仅可以同"生死之交"重叠、同父母重叠，还可以同挚友重叠、同知己重叠……哪怕是很小很小的重叠，也会产生很大很大的影响。老师所有的教育，唯转化成受教育者的自我教育，才能真正地、持续地发生作用。自助者天助，自教者天教。

一个真正的教师，并非是单向度的施教者，而是能让学生自觉产生学习行为的人。孟子以为，中也养不中，才也养不才，故人乐有贤父兄。可见教育是一件耳濡目染的事，所谓身教重于言教，其实父兄自然身传，却未必不言教。孟子的真意是，传德即德行传承，是出于承继人之敬爱者、亲近者的言行。真正能起作用的不是言教，也不是身教，而是谁教——你是一个为学生所敬爱、所亲近的人吗？

"读万卷书，行万里路"，都是教育题中应有之义。通常理解的"行万里路"，就是书本知识的实践，是为应用与巩固书本知识而行的。其实，这两者或分属两类教育，后者更趋向生命教育，一种没有规定答案约束的、全身心投入的、完全自由的教育活动。

"阳光行动"是贸易学校阳光德育模式的特色，顾名思义，就是让学生"绝知此事要躬行"。包括党员大手牵小手活动、师生珍藏品拍卖及捐款活动、校园文化艺术作品展等。其中最具规模和代表性的，就是在东方艺术中心举办的校园艺术节。对于第一次在这么专业的艺术殿堂举办艺术节的中职校师生来说，这无疑是空前的挑战，也是巨大的激励。

肖老师是艺术节的总导演。据说筹备艺术节期间，同学们除了上课，把所有业余时间都倾情投入了排练，已经练得很好了，还要精益求精；那段时间，没有听到一句抱怨，没有出现一个不和谐音符。相反，经常看到同学们对剧本或节目提出自己的想法，看到他们主动向老师要求多干点。学生的状态除了体现出他们自身对艺术的热爱、对活动的重视和责任外，还有目睹老师们的执行力、专注力、意志力以及不怕困难的坚韧力之后，受到的鼓舞和感召。生命教育最少依赖语言。"口是"费猜度，或谓"口是心非"。唯你的素颜素行，朗若列眉。某种意义上，不在讲台上的老师，或许才是真正对学生行为产生影响的老师。叔本华说："人的面孔要比人的嘴巴说出来的东西更多、更有趣，因为嘴巴说出的只是人的思想，而面孔说出的是思想的本质。"处于生命教育和生命学习中的师生，是人世间一道最美丽的风景，因为没有内心的风景不是风景。每一有机生命——尤其是精神生命——真正独特的展开形式，恰恰是从自身生命的根基生长出来的。

2000 年前，柏拉图提出知识三命题：知识基于主体求真的信念；知识必须是真的；必须知晓知识为真之理由，或可证明其为真。求知即求真，此亦最高价值，是谓终极关怀，造就了古希腊—古罗马的超越视野与灿烂文明。

金观涛将真实性的领域分为三类。分别为"科学真实""社会真实"和"个体真实"。人所获得的科学真实往往有局限性，仅反映了人在一定阶段的认知水平。社会真实虽具有一定的共识性，但也易受所谓权威的干扰，出现集体共识性偏差。我以为，科学真实和社会真实，谓"多非一是"。对于这个"是"的探求永无止境，人类的狂妄都基于自以为已经占有了科学真实与社会真实的那个"是"的全部。相反，个体真实谓"一非多是"。个体真实是生命真实，一个个生命就是一个个"是"，一个个完整的"是"。"非"只有一个，就是"非"生命。若依生命标准、人的存在意义标准，没有统一的"是"，有多少个真实个体，就有多少个"是"。生命之生象征春，万物竞相呈现自己的样子；生命之熟象征秋，万物熟醉，色彩斑斓，愈个性愈美。何须标准，生命自带标准。睹万物之生、之熟，知万物无非、无竞。此为生命和谐之基。

肖老师的生命教育，就是用真实的个体求个体的真实。肖老师没有万能钥匙，一把钥匙开一把锁，因为，每一生命各具个性真实，每一生命唯有一个"是"。你们看，《做真实的自己》中的班长 Z、《把"传真"进行到底》中不起眼的 W 同学、《老师请"慎判"》中的同学 X，还有"四大金刚""咖啡女孩"等，他们各有各的"真实"，各有各的"是"。肖老师没有用一个"是"去统一他们，而是去分别探求个体的真实，所用方法亦各不相同。生命教育所及，无论载体，凡触动心灵者皆归焉，终竟"逼"出各自的更好的"我"。"身教"比"言教"重要，"谁教"比身教更重要，最最重要的却是"谁教"！

"言教"是指去传播同样的知识、规范、观念。"身教"是指以身示范，去影响周边的人，让其体认什么是"身正"。"谁教"是指真正能影响到你的人，是你所敬爱者、亲近者。"教谁"是指能让所有的"教"转化成你的"自我教育"的，即能转化成你的学习的，才是真正的教育。因为每一个生命都自带标准，答案不在老师，而需要你心中的老师与你一起去寻找。由是，经过不断自省，肖老师就成为学生心中的老师。在这真正的教育过程中，肖老师的襟怀也变得愈来愈博大，充满着生命教育的张力。

个性是生命性的，是一条没有确定方向的、未完成的曲线；

任何人为的归类，皆就直取方，故难以名状，充其量落得个滞后。而人偏喜分类，或因懒惰，或自作聪明，甚至彰著制度，庶几无法自拔。欲改革，先成全——成全生命教育。

确实，肖老师常常剖视学生，那是因着爱；她更多的却是剖视自己，毫不留情。反思就是照镜子，reflection 的意思就是镜子的反射，把对象世界、社会万象，看作反映人心、反映人的主体的一面镜子。人要认识自己，只有借助对象世界去自省。反思如果不能成为生活方式，那么作为一种单纯的思辨，它无益于我们从日常生活的个体转变为道德所要求的本体的立场。

所谓"自我剖视"就是试图把自己一分为二，从"另一个自我"来看自己，以求认识真正的自己；但与此同时，人能够立刻意识到，真正的自我并不是这个被认识的自己（对象），而是那个进行认识的自己（主体），这又需要再退后一步……退后就是反省，就是向好，就是自己给自己打分，就是自己想要自己满意。肖老师却从未对自己有过十分满意。作为一名生命教育践行者，她首先是一个生命学习者。叶芝说："从我们与别人的冲突中，我们创造了修辞，从我们与自己的冲突中，我们创造了诗。"生命成长就是新我与旧我的你死我活的冲突，赤裸裸的挣扎，赤裸裸的渴望。创造的激情，在生命过程中流淌成诗。

《"育"归何处》就是肖老师执教三十八载寒暑凝练而成的生命诗篇。

2024 年 4 月 22 日

目 录

第三章　"阳光德育模式"的形成

第四章　将"阳光德育模式"升级为"阳光育人系统"

写在前面的话

1985 年，上海第一次出现职业学校；那年的 9 月 10 日，也是新中国的第一届教师节。

19 岁的我，作为留校团干部，被分配到一所刚转制的中等职业学校担任团委书记。两年后，我兼任班主任，不过，那是个各方面在全校都是倒数第一的中途班。

我记得进班没几天就发生了一件事：

班会课，我走进教室，踏上讲台，只见讲台正中横卧着一块黑板擦，黑板擦两端各竖着一支白色的粉笔，我正好站在两支粉笔的当中，这场景，我俨然成遗像了，我定了定神，迅速将不快压了压，平静地问："谁干的？"

肃静半分钟后，一位男生摇着身体站了起来，用不屑的眼光看了看我，无所谓地说："我干的！"

我依然平静，甚至微笑着说："哦，那放学留一下吧。"

放学后，他满不在乎地来到我的办公室。他妈妈也应约来了，一见到他，就气不打一处来，抬手就要打，我赶紧拦下，妈妈气急败坏："你怎么可以这样对老师！快给老师跪下，赔礼道歉！快！"

我差点没笑出来，"别，千万别啊，他这一跪，那我不就真的成了那什么了。"

待三人坐定后，我和颜悦色地说："你是不是觉得我哪里没做好？没关系，你跟我说，说了我才能改呀，我第一次做班主任，肯定有很多做得不好的地方。"

他奇怪地抬眼看我，似乎在判断我是不是在挖苦他，我继续说："你跟我提意见是为我好，也是为我们班好，我不会怪你的。只是你这样做，我年轻，不在意，但如果是位年长的，心里肯定不痛快，你说对不对？"

他脸上露出了愧色，蠕动着嘴唇："我不是故意的，就是开个玩笑。"

之后的谈话很顺畅，我们交流了一些关于班级的事，他和妈妈离开的时候再次说他知道错了；我说，没什么，玩笑而已。之后我也没在班上重提此事，因为以他的外向性格，一定会被广泛转播的。

然而，夜深人静，我在想，他应该是上课前突发奇想，不会是有预谋的吧，他是想引起我的注意？还是在同学面前显示他的胆量，敢拿老师寻开心？或者是看我那么年轻，又是第一次做班主任，掂掂我的分量？我不得而知，这也不重要。

那我呢？这样做对吗？

就是放到今天，我都会觉得这么做没毛病，我表现出了足够的大度和宽容，甚至不像一个未经磨炼的班主任，显得那么沉稳、老练。但当时我真的没有生气吗？抑或是我只是提醒自己教师的身份而强压住自己的愤怒？确实，生气真的也就一瞬，稍微压了压，即逝了。那我的风轻云淡说明我真的那么成熟吗？不不！那只是碰巧，只是不经意，只是无意识而为之。当然，我也可以假装很气愤，当着全班同学的面愤怒地指责他，让他写检查，甚至以对老师不敬为理由要求学校处分他，结果会怎样呢？他一定会恨死我，其他同学也会受到威慑，从此，全班同学会看到我就怕，我的要求他们也会迫于我的"心狠手辣"而照办。我呢，以后就天天端着，居高临下，这样的话，班级管理也应该不会太差。

但，这样真的好吗？

记得我小学四年级的时候，是学生中"官儿"做得最大的，相当于现在的大队长。有一次，眼见有同学分成两派闹矛盾，我两头奔波地做"思想工作"，试图用一己之力力挽狂澜，恰巧被老师看到我在跟其中一方讲着什么，她皱着眉头看了看大家，旋即转向我："连你也串在里面啊……"

啊！老师误会了，怎么办？怎么办！我去解释老师会相信吗？想着想着就过了好几天，再去讲大概老师更不会信我了吧，算了，不解释了，而且老师说"连你"，那说明我在老师心中是跟其他同学不一样的，是好学生呀。可那个"也"，说明老师对我失望了？以后不再信任我了？事实上，之后老师确实没有再多看我一眼，尽管我还是那个最大的"官儿"。那时我就在想，如果有一天我能做老师就好了，我肯定不会这样误会学生的。

"连你也"这个句式还发生过一次。

那是我读高二那年，我是理科班的数学课代表。那天上数学课时，老师举着全班同学的数学卷子，铁青着脸数落大家，最后那句"这道题这么简单，肖卫民，连你也做不出"让我吓了一大跳，猛然抬起头，惊讶、窘迫、自责、愧疚，瞬间在脸上暴露无遗。那次，我也没有解释，也无从解释。

我一直是大家眼里的好学生，被老师批评的情况少之又少，但那两次"连你也"，我却记了一辈子。看来，老师这个职业不好当，会让人永远记着。然而，长大后的我竟然真的做了老师。

初为老师时，我悄悄地观察着身边的老师，尤其是班主任们。我发现，有的老师带的班乱糟糟的；有的好像没用什么力气，却稳稳当当，还频获先进。这里面肯定有什么玄机，直到自己做了班主任、学生科长，我也经常会扪心自问：作为老师，我到底要做什么？我想传递什么？我是个怎样的人？要怎样和学生相处？我究竟想成为什么样的老师？

在我以后漫长的教师生涯中，这些问题始终在我脑海中徘徊，挥之不去。

　　传说在盘古开天地之前，没有天地之分，漆黑一片。有个叫"混沌"的神，身体像大象一样庞大，有六只脚，四个翅膀，还有尾巴，但却没有面部，没有耳目口鼻。可它居然什么都知道，还能欣赏歌舞、分辨善恶，甚至拥有运化天地精气的能量，蓄势宇宙世界的诞生。一天，两位同样是神的混沌的好友，深深地为混沌没有眼耳口鼻而感到遗憾，他们想用凿子帮混沌开出七窍，混沌也想感受七窍的神奇力量，欣然同意了。七天后，混沌终于拥有了七窍，但当它享受到这些的同时，却逐渐与天地化为一体，失去了恒久的生命。

　　混沌死了，它怎么会死了呢？为什么会死呢？我百思不得其解。

　　拥有了七窍，不是可以让七窍分工明确吗？不是可以更加有针对性地观六路、听八方吗？不是可以增添更强的力量吗？

　　我们做老师的，不是也分语文老师、数学老师、思政老师吗？我们的教育究竟是什么？我们应该以怎样的姿态面对我们的学生呢？教育最终是要归向何处？

　　今年3月，我看到《解放日报》的一篇文章，《ChatGPT反证了什么》，作者是项秉健。项老师是我一直崇拜和仰视的专家，他在文中恰巧也提到了混沌的传说，他指出，传统的学校教育与学习，正面临着前所未有的挑战。他借用ChatGPT再次拷问我们，什么是生命？什么是灵魂？什么是生命成长？什么才是生命中的珍贵！

这一刻，我陷入了沉思：作为教师，我们面对的都是一个个鲜活的生命、都是完整的个体，不可分割、不可格式化的个体，老师亦是。那，我做了一辈子的教育，是在用心灵沟通、用灵魂影响？抑或是用生命？我是这么做的吗？我是怎么做的呢？这不正是在我的人生道路上，一直缠绕在心中的那些问题吗？

直到此刻，我才释然：原来，这辈子，我从团委书记到班主任，再到26年的学生科长，有太多的不经意、太多的无意识，有的值得欣慰、有的值得斟酌、有的需要避免，正是这些不经意和无意识，才是那一缕缕阳光的细微组合，才是让教育赋有生命的意义，不仅于学生，于我于你，亦是如此。

本书收录了我从教以来的30余个经典案例，以及我跳出自我、省视自己，并在自省后在工作中做出的一些尝试和探索，愿能启发读者，并愿与诸君共同成长！

在此书的编撰过程中，得到了众多专家、同仁的帮助，衷心感谢你们的指导和帮助！

肖卫民

2023 年 11 月

特别鸣谢：

资深媒体人、教育专家项秉健老师

华东师范大学博士生导师匡瑛教授

上海教育评估院胡兰老师

资深媒体人张振华老师

上海市贸易学校党委邵金敏书记

上海市贸易学校钟伟岚校长

上海市贸易学校蒋波平副校长

上海市贸易学校罗林峰见习副校长

上海市工业技术学校陆建超、杨晓清老师

上海汝信教育团建拓展首席教练、策划、主持人唐果老师

上海市贸易学校姚圣煊、谢富敏、施鑫慧、卜雯莹、苏兵、孔敏、徐昊旻、章蕾、姚淳

第一章　班主任的五味杂陈

　　继中途班后的第一个全程班级，正式开启了我的班主任之旅，尽管只有三届，但却是我职业生涯中难能可贵的珍藏，亦是我成长的奠基。

做真实的自己

——班长作弊

早就听说班干部很重要，尤其是班长，可我们班的班长居然……

为什么让他孤傲地一个人站在山顶，把所有的"最高"都赋予他一个人？他拥有的究竟是自信还是自卑，他做的是真实的自己吗？一份充满睿智的宽容、一个能给到他的真实存在感，就像那蝴蝶效应中蝴蝶的翅膀，不经意地扇动居然成为他一生奇特的激励和永久的动力。

班长Z内敛腼腆、工作负责、成绩良好，对自己要求很高，一直是我的好助手，同学心中当之无愧的领军人物。

一年级第二学期英语期中考试后，任课的王老师找到我，"肖老师，你们班的班长今天考试时居然拿出小纸条作弊，喏，这就是那张小纸条。"

我接过小纸条，上面密密麻麻地写满了英语句子，我惊愕地瞪大眼睛，"啊，这是Z的？怎么会，他为什么呀？他英语蛮好的呀。"

"谁知道呢，以他的成绩 90 分是没问题的。"王老师也满脸不解。

"王老师，你看到他看了吗？这会不会是他用来复习的纸条呀，哦，不不，我没有其他意思。"我不罢休地追问，幸亏王老师平时很了解我，否则真的要产生误会了。

"看了，我就是看到他慌里慌张的样子才警觉起来，快步走过去的时候他头还没来得及抬起来，正紧张地看手里的纸条，看到我时，脸上好像写了两个字：尴尬！"王老师边说还边演绎着。

"这样啊，那，那你没收了他的小纸条，周围有同学发现吗？"

"这倒没有，怎么，你还想包庇他啊。"说着，王老师狡黠地眯着眼笑我。

我叮嘱王老师先不要告诉别人，让我想想怎么做。

亲爱的读者，如果您是 Z 的班主任，您会怎么做啊，愁死了。

第二天，我请 Z 坐到了我的面前，开始循循善诱起来，他低着头承认了错误，惶恐地抬头看我，就好像等着法官的判决。我说："你现在知道害怕啦，这样，明天不是我们班两周一次的活动日吗，你都安排好了吧，主持稿写好了吧。"

"都准备好了，老师，您还让我主持吗？"他怯怯地问。

"为什么不呢？明天活动结束后，你这样这样这样……"

第二天的活动结束了，主持人Z却依然站在讲台前，然后鼓足勇气说："肖老师、同学们，对不起，我犯错误了。"

同学们都瞪大了眼睛，瞅瞅他，再看看我，不知道他葫芦里卖的什么药。

我也一脸"茫然"。

Z继续说："我前天英语考试时作弊了，拿出事先准备的小纸条抄，大家都不知道，王老师也没看到，但我这两天吃不好睡不好，我错了，不管有没有人看到，错了就是错了，我不配再做班长了。肖老师，同学们，我把班长的位置交出来，对不起，我对不起大家对我的信任。"说着，他深深地鞠了一躬。

空气瞬间凝固了。

大家错愕地把目光投向了坐在最后一排的我。我深吸一口气，平静地看了看Z，再扫视了下全班的同学，慢慢地，我站起来，拍了一下手，第二下、第三下，节奏由慢到快，同学们似醒悟过来，跟着我鼓起掌来。伴随着掌声，我从后面走上讲台，站到Z的旁边，"同学们，我为我们班有这样一位敢于主动承认错误的班长感到骄傲和自豪！是！Z是犯错了，但在无人知晓的情况下主动自我剖析，这不是每个人都能做到的，我很欣慰！如果大家同意我的看法就用掌声表示。"

一阵掌声过后，我继续说："Z今天能不计后果地坦言，我就相信他一定会改。所以，我个人还是希望他继续做班长，不仅要做，而且要比之前做得更好！比如，原来我们每两周一次的班级活动能不能改成每周一次？让他多干点，同意的同学再用掌声表示。"

这次的掌声如同雷鸣。

我笑了，班长也笑了，大家都笑了。

"但是！"我顿了顿，"但是，会不会以后哪位同学犯同样的错也要求赦免呢？我有点担心。"我一脸惆怅地说。

"不会！""不会！""我们不会的！""肖老师，您放心，我们都不会的！"

终于，我忐忑的心放下了。

Z为什么会作弊呢？正如那天谈话时他说的，"想保持高分"，然后呢？"想保持一等奖学金。"可Z明明成绩很好呀，尤其是英语，王老师也说了，90分没问题的、奖学金也没问题的，可他还是作弊了。

难道是高处不胜寒？

Z在班级里太突出，不管是学习还是工作，又或者是为人，众人眼里的"优秀"让他诚惶诚恐，唯恐稍不留神就毁了自己的标签，毁了"班长"的标签、毁了"优秀"的标签！他在为标签而做，为标签而努力，他得到的是标签，失去的却是真实的自己，但那些光环和荣誉，对于一个真实的自己而言不都只是虚幻的存在吗？标签被老师、被同伴、被家长贴上，连自己都在给自己贴，实则是在用虚幻的标签罩住自己、绑架自己，难怪他只能谨小慎微，容不得自己有一丁点"不行"。

被贴了标签的他还是原来真实的他吗？老师真的应该让学生拥有标签式的存在感吗？我为什么让他一个人孤傲地站在山顶，把所有的"最高"赋予他一个人呢？

而且，就连优秀如斯的他也会不自信，那其他人呢？

他作弊，触碰了底线，就没想过后果？想侥幸？可一旦败露，后果是他能承受的吗？事实上，不能！如果我上纲上线，上报学校给予他处分、撤销他班长的职务呢？那结局很有可能是他自暴自弃、一蹶不振。

我会毁了他的。难道不是吗？表面上，是班长作弊了；但根子上，是我没做好。

我开始思考：怎样培植更多的"优秀"，怎样让权利和地位不集中于一人；如何让每个学生都真实、自信起来，哪怕遇到一时的"失败"也能经受。

不光是优秀的Z，我们每个人都要学会面对真实的自己，做真实的自己。

后来，在Z身上又发生了一件事。

那是Z三年级的时候，利用假期，他妈妈带他去镇江探亲。Z乘坐的汽车在回程的高速公路上发生了严重的车祸，司机当场死亡，其余四个人都受了不同程度的伤。其中Z伤势最重，昏迷了48天才醒来，之后就是艰难的康复训练，尤其是他每天都要在康复室里来回走一百多圈，这对于伤重未愈的他，每次都会大汗淋漓、疼痛难忍。他很多次想躲懒，终于，他再也不肯下地，妈妈怎么哭着喊着都没用。当我打电话给他妈妈询问Z的康复进展时，他妈妈如实相告，我脱口而出："明天是周六，我到镇江来看他！"第二天，当我踏进康复室时，居然看到他正拄着拐杖满头大汗地练习走路，我惊奇地问道："这是怎么回事？"他妈妈说："昨天挂了电话，我就跟他说肖老师明天要来镇江看他，他立马就下地练习了，说不能让肖老师看到一个颓废的他。"说着，妈妈掉泪了，我也瞬间泪流满面。

老师的看望，居然比医生的医嘱和妈妈的恳求还管用。我知道，这样的康复训练很痛苦，甚至很残忍，需要极大的忍耐力和意志力，而人们往往不知道、看不到自己的潜能，面对极端情况，有的人放弃了，有的人却激发了斗志。我的看望，就是要让他再次面对真实的自己，看到自己真实的潜能，我相信，在困难面前，他一定能爆发出全部的潜力。

与其说是我去看他，不如说是让他看到我、让他感受到我的"在"，以此激发出他战胜困难的内在真实。于我，不也是同样的吗？存在只有在行动中才能成为真实。

很多年以后，Z 所在的班搞了一次同学会，大家要班长讲几句，他就真的只讲了两句："没有肖老师就没有我的今天，那时的两件事是我一生的财富，真的，我非常感激肖老师。"同学们纷纷投来询问的目光，我笑而不答，当年的事注定是我和他的秘密。一份充满睿智的宽容、一个能给到他的真实存在感，就像那蝴蝶效应中蝴蝶的翅膀，不经意的扇动居然成为他一生奇特的激励和永久的动力。

有些事注定会滋养人的一辈子，于我，不也是同样的吗？

把"传真"进行到底

——勤工俭学

处于生活底层的他，似是在用某种枷锁将自己紧紧包裹，令他喘不过气来。我欲助他解除层层包围，从外在到内心，只有打开自己、放下自我，即使没有好的开始，也不代表没有好的结局——只要能觉察自我、正视他人、足够勇敢、足够努力，结局一定会掌握在自己手中。

瘦小的 W 是我们班最不起眼的同学，成绩中等，独来独往，我常常见他一个人在座位上，从没见他和同学凑在一起开怀大笑过。他有心事？有好几次，我故意找他说话，但他眼神躲闪，只回答必须回答的问题。

我一直想揭开谜底探个究竟。

我们班有个别样的周记，叫作"师生传真"，不规定主题和字数，但"传真"一定是"传"真实的事或想法给我，我不会给任何人看，而且我的评语一般都会比同学还写得多。每次发"传真"，我都是把本子直接交到本人手里，这是我跟每一位同学建立的一对一私密通道，传递我一直"在"，在关注他或她。同学们喜欢写"传真"，更期待着我写的评语。每次发"传真"，都可以看到有的同学一拿到就兴奋地偷偷掀开一条缝，生怕被旁人看了去，我知道他们是想第一时间看看我写得多不多，好像这"传真"的重点是我写的部分。他们会写班上发生的趣事、家里的糟心事、外面的奇怪事等等，五花八门，应有尽有。我还能从"传真"里发现很多同学的动态，比如有一次早自修时，我贼兮兮地说："明天是国庆节，今天晚上都不带我去看灯？"

只见好些同学惊诧地看向我，我依然淡定："几点到外滩集合也不告诉我，我怎么去啊！某某，你说呢？"

他们都各自互相观察起来，是想知道谁是"叛徒"吧。我心中窃喜，我蒙对了，其实，我就是通过"传真"，知道了一点关于他们的行动的事，再加上猜测，就十拿九稳了。但我还是提醒他们一定要注意安全。

有几次，我就在"师生传真"里试探 W，看看能不能让他一吐为快。结果，他还是严防死守。我也跟他妈妈通过几个电话，也探不出所以然。甚至有一次，我大着胆子跟他说："我这个周日到你家家访哦，欢迎不？"

"不要了吧老师，我家长没时间。"

完了，没戏。

一直到二年级的时候，学校组织去武夷山活动，同学们兴奋地跳了起来，只有他，安静得仿佛没听到。

放学后，他找我，"老师，武夷山，我，我不去了。"

"啊，为什么啊，这是我们三年里唯一一次，不去多可惜啊。"

"我，我家里没钱。"说着，他垂下了眼睑。

我一阵心疼，这次，我决意要去家访。我没有提前告诉他，休息日直接去了他家。

那天，我叩开他家家门，看到了他家的情景，简直不敢相信自己的眼睛：只有一个褪了色的柜子、一张破旧的桌子，还有那貌似瘸了一条腿的沙发，正常家庭扔了的沙发大概都比它强。他妈妈躺在一张床上，床很矮，只有小板凳的高度，而且破旧不堪。我们这个城市怎么会有如此生存环境的家庭！他妈妈挣扎着想坐起来，我赶忙说："没关系，您躺着，我来看看你们。"

"老师对不起哦，我们家最近被断煤气了，应该给你倒茶的，也没地方坐。"他妈妈的脸上布满了万般无奈的神情。

"没关系的，我站一会儿，没事的。"

"老师，我听他说你们要去武夷山玩，可我们家真的没钱，我们就不去了吧。"

这次家访，终于让我了解到他的处境，他的爸爸早年就抛下他们母子，妈妈因为得了一场重病，瘫痪了。W 每天都得很早起来做早饭和午饭，看着妈妈吃完早饭再上学，午饭就放在离妈妈不远的地方，方便她拿。日常开销就靠街道给的补助，最近因为妈妈的部分药费还没报销，所以，连煤气费也交不上了。那个瞬间，我好想哭，但我得忍着。

最终，武夷山他还是在我的"逼迫"下去了。我跟他说钱我借给你，等你有钱了再还我，他才勉强同意，并拜托邻居帮忙照顾他妈妈。

武夷山之行圆满结束，可我怎样才能帮到他呢？我想着能不能让他在教工餐厅勤工俭学，擦擦桌子、扫扫地。我找学校领导汇报了这些情况，领导思考了一会儿，问我："如果是你，你愿意吗？"

是啊，他是个要面子的人，这样做只会伤了他的自尊。对了，我们学校有合作的电脑公司，让他抽空去这家公司学习电脑维修，之后可以让他作为他们的编外人员，维修学校住宿生的电脑，由公司支付他相应的报酬。这次，领导微笑着点点头，还帮我联系了电脑公司的人。

一个月后，W"上岗"了，他的生活也变得越来越忙碌。

在后来的一次促膝长谈中，我小心地碰触他最敏感的话题："现在你的困难解决了，我怎么还是感觉你闷闷不乐呢？还有什么我可以帮到你的？"

"好很多了，谢谢肖老师。"依然言简意赅，但他愿意跟我坐下来谈已经是进步了。

"你对你之前的处境怎么看呀，委屈吗？"我试探着问。

"是的，就是他造成的！"他不假思索地说道。

"你父亲？"

通过谈话，我得知父亲后来找过他几次，但他都拒绝沟通，没给对方任何机会。

W真实吗？他紧锁双眉、独来独往，把父亲的抛弃、母亲的瘫痪硬生生扛在自己肩上、埋进内心深处，看上去那么坚强、那么懂事、那么成熟、那么有担当，但其实，他是用层层的外套将自己紧紧包裹、密不透风，与外界筑起层层壁障。他才16岁，居然要背负家庭的全部，完全没有青春年华应有的阳光和朝气。

而我早就察觉他的异样，为什么不再敏感些呢？他跟其他孩子不一样，应该得到更多的爱，但我始终没有走近他。现在，他生活上的窘迫已解，但长期以来的心结呢？对父亲的怨恨呢？尽管我小心碰触，但面对非一日之寒的积怨，只能循序渐进、耐心破解、层层褪去、还原本真。那次谈话，我从血缘谈到亲情；从父亲可能的两难，谈到每个人都需要成长；不仅要看到自身被爱的需要，更要理性地、用真实的眼光看待亲人和周围的人。我赠送了一本我很喜欢的书给他，是一部人物传记，叫作《你当像鸟飞往你的山》，作者用真实经历告诉我们：没有好的开始，并不代表没有好的结局。我建议他多看书，书看得多了，会让自己变得饱满，自然就能打开自己。我说如果我是你，我会尝试与父亲沟通，了解真实的父亲，了解他当年放弃的纠结和原因；即使父亲那么做毫无正当理由，选择原谅和放下，未尝不是对双方真实一面的尊重和对未来最好的选择。

之后，W不仅学习进步了，修电脑的技术也越来越好，还把去武夷山游玩的钱还给了我。半年后，我接到他父亲的电话，他兴奋地告诉我，他们父子之间已有缓和。一年后，他被同学们推荐为校三好学生。

默默无闻并不代表不需要被关注，让他体面地接受帮助，让他滋养在阳光下，赋予他面对困难的能力。一个人只要足够坚强、足够勇敢、足够努力，结局一定会掌握在自己手中。

目送他迈着坚定的步伐渐行渐远，我在心里默默地祝福：愿你像鸟，飞往你的山！

外在的强迫不是教育

——妈妈扫地

做班主任常常会碰到一些老大难问题，我也是。

我们班有几位男生，一遇到值日就不见了踪影，有的跟劳动委员以各种奇葩的理由请假，有的直接就回家，当然，也有的是真的忘了。个别谈心、当众提醒，这些办法我都用了，但就是效果不好。总得想个办法。

那天是F值日，放学一个多小时后，我去教室看了一眼，果不其然他又没做值日，他是躲懒的一号人物，没有之一。

我打电话给他妈妈："F妈妈您好！您几点下班呀，方便下班后来下学校吗？"

妈妈紧张起来，"肖老师，有事啊，是不是我们家F又出什么事啦？"

"没有没有，一点小事而已，您来的时候叫上F一起哦，晚点也没关系，我等你们。"

晚上六点半，F和妈妈来到我的办公室，我微笑着说："走，我们一起去教室看看。"

母子俩有点诧异，跟着我进了教室。我诚恳地说："妈妈，今天请你来是想请你帮个忙，F今天值日，但他不会，我想请你帮忙做一下，可以吗？"

"我还以为是F犯错了，就是打扫卫生对吧，这个我在行！"妈妈说着，松了口气，撸起袖子、拿起扫帚干了起来。

我偷偷瞟了一眼F，他若无其事。

十分钟过去了，妈妈打扫得很认真，教室里除了沙沙的扫地声之外，异常安静，气氛有点奇怪，F沉不住气了。

"妈，我来吧。"说着，他去拿妈妈手里的扫帚。

"没事，我很快的。"妈妈说着，手依然没停。

我不紧不慢地说："让妈妈扫吧，你看着就行。"

妈妈扫完地，又拿起抹布擦桌子。

F跑过去抢妈妈手里的抹布，"我来擦呀。"

我赶紧阻止，"没事，你不会，让妈妈干吧。"

说话间，妈妈又开始拖地了，这次F冲过去，用力抢过拖把要拖，我再次阻挠，"别呀，你看看就行。以后只要是你值日，都让妈妈来做哦。"

自始至终，我都不让F动。因为天热，加上认真，妈妈干完已是满头大汗。临走时，妈妈还不放心地问："肖老师，F是不是表现不好啊。"

"没有啊，他蛮好的，学习也有进步。我叫你来只是请你帮忙打扫。今天辛苦你了哦。"

　　第二天上课前，我把昨天打扫的事平淡地说了一遍，不加任何评论，还说了以后只要是 F 值日就让妈妈来做。同学们交头接耳、掩嘴偷笑，此时的 F 已是羞愧难当。

　　放学后，F 找到我，"肖老师，以后值日，还是我自己做吧。对不起，老师，我错了。"

　　我微笑着点头，拍了拍他的肩膀，什么也没说。

　　此后，再也没有同学逃值日了，都自觉地完成打扫。

　　此后，我每次接手新的班级，都第一时间把这件事平静地说一遍，同样不加评论，只是隐去了班级和姓名。

　　亲爱的读者，您是不是觉得我这么做效果很好呢？

　　您看，大家都头疼的事情就这么四两拨千斤地解决了，而且，一劳永逸。又或者，您觉得我很会演戏，可以轻而易举地把学生搞定，家长呢，似乎也很配合，但怎么看她都像个滑稽的角色。您是不是觉得我事后一定很得意？事实上，是的，我心中窃喜了很久，甚至多次将这件事作为成功案例分享给其他班主任。

　　大抵很多班主任都会遇到此类事情，说大不大，说小却是每天的日常，不痛不痒地说几句并不能起任何作用。那，这种做法呢？让我们再想想，似乎又有些不妥。

　　当同学们交头接耳、掩嘴偷笑的时候，F 羞愧难当，我当时不就是希望让他羞愧，继而主动承担起他该完成的事吗？甚至于我每次接手新的班级时还会如法炮制。现在想来，伤他自尊那是肯定的，其他同学也不想成为类似的"继承者"，才让我自以为是地觉得自己找到了"合适的办法"。但如果我不公开此事呢？那就不能"教育"他人了呀。

F后来主动跟我说以后他自己打扫，他是真的热爱劳动了？心甘情愿为集体做事了？还是怕我旧事重提？原来我的嘚瑟是建立在他抬不起头来的基础上的，看似有效，但却是我自导自演的一出丑剧，而里面的丑角未必是学生和家长，恰恰是自以为是的我。这样想来，很多老师好像也会不自觉地默认自己在学生和家长面前是高出一头的，总是可以凌驾于他们之上，可以起着主导作用的。可见我们嘴上说着要尊重学生，平等对待，但事实上常常会不由自主，下意识地不尊重、不平等，更可怕的是，我们自己还没任何觉察。

之后，对于"扫地"的困惑，我想了很多办法，制度制约、开展讨论、分组竞赛等等，终究效果不是太理想。亲爱的读者，您有什么好的做法吗？

还有个问题，F逃值日就是想躲个懒，再说也不是他一个人这样做，能混的就混过去，不能混的被批评几句，过后还是老样子，老师能有什么办法。妈妈也没觉得这是个事儿吧，如果是学习成绩或者跟同学、老师闹矛盾，妈妈倒是会介意吧。在我们很多家长眼里，像值日这样的事根本不重要，孩子只要把精力放在学习上就足够了。但真的是这样吗？只要学习好就好？只要学习知识和技能就足够了吗？

经过观察，我发现逃值日的基本集中在几个人，而且是行为习惯和学习成绩相对较弱的同学。其中，男同学比女同学多，为什么？他们是怎么想的呢？为什么会集中在这样一些同学身上？是男生更"皮厚"？或者是他们觉得自己什么都不好、什么都比不过人家？觉得反正就这样了，无所谓，加上不扫地这一条也没什么大不了的？

问题来了，那他们为什么要跟别人比呢？我们经常会听到家长教育孩子时说："你看看隔壁那女孩，都考进 985 了，你呢？整天就知道玩。"或者说："老师说你的成绩是全班倒数的，你还不看书？"现在看来，不光是老师、家长，甚至连学生自己都会不自觉地拿自己跟别人比，反正我什么都不好，反正我什么都比不过人家，反正我就不扫地，反正……

升高中要中考，上大学要高考，就连上小学，甚至上幼儿园都要经过面试，我们不都是这么一路走过来、一路"比"过来的吗？某一方面或几个方面比别人好就一定好吗？那为什么还会发生全国某知名大学学子弑母事件呢？还有最近的精英弑妻案。我们为什么要跟别人做横向比较，而不是跟自己进行纵向比较呢？

但纵向比较就一定对吗？这种比较确实能让学生自我鼓励。但我们扪心自问，为什么叫他不要跟别人比呢？是因为我们知道他比不过呀，知道他的起点比别人低，所以只能跟自己比呀。在这里，还是暗含着一个公共的标准、公共的尺子，只不过是老师们冠冕堂皇地用纵向比较来表面激励学生而已，实则还是在降维打击。最近，一位"学渣"的爸爸在网上说："我儿子是'学渣'，但我依然相信他完全有可能成为国之栋梁。""学渣"不一定是次品，学霸也不一定是正品，"学渣"只是做错了题，又不是做错了人。

天下没有两片相同的树叶，即使是两滴水也是不同的，我们怎么能用同一把尺子统一衡量不同学生的长短呢？每个人的尺子应该是不一样的，你有你的，我有我的，只有找到适合每个个体的个性的一人一尺，相信他的唯一，给他成长的空间和机会，才能让他真正地自信起来。

所以，我们不能孤立地、简单地、就事论事地对待"扫地"现象。

教育家陶行知有一次带了一只公鸡去上课，他在讲台上撒了一把米，强按住公鸡的头让它吃米，结果公鸡就是不吃，他再把公鸡嘴巴扒开塞米进去，这次总算吃进去了。同学们不明所以地看着，只见陶行知放开公鸡，任由它在讲台上活动，这次，公鸡自己就去吃米了。你看，强制得来的只能是叛逆、反抗，即使强灌，也一定"食而不化"。

德国哲学家雅斯贝尔斯说，所有外在强迫都不具有教育作用，相反，对学生精神害处极大，只有导向教育的自我强迫，才会对教育产生效用。

真正的生命成长应该是一种自我成长。是让他认识、了解自己，找到自己的潜能，找到自己的独特和自信；是让他坚信他是唯一，而未必是第一；是让他坚信因为他的到来会让这个世界变得更加多姿多彩；是让他实现自我、形成自我；是让他整体成长后自然而然地带动他的"扫地"。这时，他的成长才得以证明，他的人生才得以进步。

激发内驱力

——愚人节

那段时间，不知道怎么了，我们班不太平，事情一件接着一件，尽管都是琐事，但一桩桩、一件件地叠加，着实让人头疼，我难免有些不知所措，心力交瘁，心情也是起起伏伏、无可奈何。年轻班主任大多会经历这种阶段吧。有时候，学生很难始终做到自控，常常会犯各式各样的小错误，但这与他们对美好目标的向往是不违背的。做老师的，就是要以自身的敏感性去"看到"他们，去唤醒他们自我的形成，去激发他们的内在驱动力。

4月1日那天放学后，我同往常一样走进教室，但与以往不同的，我情绪低落、垂头丧气、表情凝重，我缓缓地说："同学们，大家都知道，最近班级里各种情况不断。其实，我们每个人都要对自己的言行负责，没有人会一辈子监督你、教育你，再说，我们在人格上是平等的。"

同学们静静地听着，有点莫名其妙。

我继续说："我这个人外向、活跃，大家都清楚，领导也知道。俗话说，谁带的班级像谁，我们这个班也很活跃，甚至经常会过头，静不下来，导致最近各种批评接踵而来。"

一些相关同学渐渐低下了头。

"今天中午，领导找我谈话了，说，你们7班的情况最近不太乐观；还说，9班比较稳定，但9班在严厉的班主任的教导下显得过于内敛，甚至压抑了。"

大家抬起头来，瞪大了眼、张大了嘴，好像在问："然后呢？"

"那又怎样，他们就是死板，跟我们有什么关系啊?!"有人不满。

"所以，所以啊……唉!"我叹了一口气。

"他们想干吗? 想干吗?"大家紧张起来，七嘴八舌地说道。

这时，有人敲门，我从小窗户看出去，是校长，天啊，最不想被谁看到还真被谁看到了。我犹犹豫豫地把门打开一条缝，挤了出去。

校长轻声问："你们还没放学啊，有事啊，我看有几个同学好像情绪不对啊。"

"没事没事，我跟同学讲班级情况。"真怕穿帮啊，我吓了一跳。

校长走了，教室里却闹开了花，我说："想干吗? 不是他们想干吗，是领导的决定，领导说，我们班太闹腾，9班太沉闷，主要源于两位班主任的性格不同，所以，决定从明天开始，两位班主任对换班级，取长补短。"我眼里已蓄满泪水。

"不可能！"

"这怎么可以！"

"为什么啊！"教室里一阵喧嚣。

"切，你们想多了吧，今天是 4 月 1 日！"一个声音响了起来。

"啊，对哦对哦。""哈哈哈，愚人节！""骗谁呢？"刚才的阴霾一扫而光，女孩子们眼里的泪光瞬间都缩了回去。

嗯？我的表演前功尽弃了？我怎么咽得下这口气啊！不行，得再加码。我这样想着，泪水就滑落下来，低着头不看他们。

我深深地吸了一口气，继续说："已经没有回旋余地了。其实，不管班主任是谁，你们每个人都要做好自己、爱护好班级，你们要懂事，做人也好，学习也罢，不要为了我，是为自己，以后我不是你们的班主任了，但我还是会关注你们的。"

终于，听到抽泣声了，听到他们骂骂咧咧了；终于，他们激愤了：

"什么意思啊，他们沉闷是他们的事，干吗要换我们的班主任啊！"

"就是就是！"

"太过分了！"

"都是你们不好！让肖老师生气了，不带我们了。"

"哪里是肖老师的意思，是校长，刚才肖老师不是说是校长的决定吗？"

好吧，他们还起内讧了。

我偷偷看着大家，我得看看有没有幸灾乐祸的，看看有没有谁盼着我不当他们的班主任的，但好像真没有。

终于，好几个同学站起来了，"我们去找校长，凭什么啊！"

"对，找校长评理，为什么要换！"

"我们写请愿书！"

"对，写请愿书！"

领头的居然都是些班干部，同学们要么在哭，要么说要去找校长，乱了乱了，我一看，火候差不多了，不能再"玩"了，不然要出事了。

我慢慢拿起粉笔，慢慢转身，慢慢走到黑板前，慢慢写字："今天是 4 月 1 日！"

我还没来得及转身，雨点般的拳头瞬间就落在了我的背上。

终于，我回到了办公室，可眼泪居然止不住，咸咸的，却也甜甜的。谁说我是在演戏啊，我就是真情流露啊，我怎么舍得离开他们啊！

　　我坐了良久，平复了些，才下班回家。

　　到车棚取自行车时，我发现轮胎没气了，蹲下来看才发现，前后轮胎的气门芯都不见了。

　　谁干的！我在脑中迅速排查，就听墙角传来"咯咯咯咯……"的笑声，再看，原来是我们班最乖的两个女生。

　　愚人节，学生常常会搞些小的恶作剧来互相作弄，甚至把玩笑开到老师头上，而这次，是我跟他们开了个玩笑。说是"玩笑"，实则是我的无奈之举，小问题频发，我头痛医头，脚痛医脚，结果，头和脚都没医好，腰又痛了，索性来个一锅端。我也实在是技穷才想到这招数，是没有办法的办法，不是有意而为之。

　　他们热爱班级、有集体荣誉感，他们不想被批评、被指责，但现实中，又很难做到完全自控，常常会犯一些所谓的小错误，但这与他们对美好目标的向往是不违背的。

　　做老师的，就是要以自身的敏感性去"看到"他们，去唤醒他们自我的形成，去激发他们的内在驱动力。"班级"的划分是按照年龄、人数、教室大小等外部因素，用行政的、机械的方法进行人为划分的，它本身并不是一个有机体、生命体，所有的秩序也是从外面加注的，其内部不会自发产生秩序。而一个健康的生命体，他（她）的内部是有着自发的、良好的秩序的，"班集体"就是由一个个活生生的、有生命的学生组成，并可以产生一种自发的认同感。一场貌似"愚人节"的玩笑把他们内在的对集体的珍视和荣誉感激发了出来，这效果不是一句句响亮的口号、一次次严肃的"教育"能相比的，这样的口号和教育都是外在的、空洞的，大家情到深处的眼泪、那些要找校长理论的激动，才是他们内心的自然生成、自然爆发，才是最有效的自我教育、自我激发、自我成长。我不希望学生仅仅是表面听话，而是希望让班级成为一个生命体，让它自发地产生秩序。事实上，我们要让未知事物有序化，唯一的办法就是诱导它自己产生秩序，秩序是会自我生长的。哈耶克指出，生长并不是生物有机体独有的属性，它还可以指出现在一个自我维持的结构中的过程。我想，这次的愚人节就是这样的一场"演出"吧。

对学生而言，只有他们敬重的人才会对他们有正面的影响。

这次"玩笑"，让我真真切切地感受到，他们是那么在乎我，生怕我离开。我知道、他们也知道，我跟他们也是一体的：他们犯错，我会很难过；他们有进步，我有多开心。

我们隔壁有个厨师班，我经常去菜场买好多猪肉，美其名曰让隔壁班同学多点实操机会，实则是为自己班的同学中午加餐。每次，当我捧着满满一脸盆鱼香肉丝放到讲台上时，这群小饿狼扑腾上来狼吞虎咽的模样着实可爱。

我们全班同学都知道，每个学期末，我都会请一位表现最好或进步最大的同学到我家吃顿饭，每次被请到的同学都会幸福好久，其他同学则会露出羡慕的眼神，默默地决心努力，希望下次是自己。好像能到我家吃顿饭是天大的荣耀，比评到三好学生都开心似的。

有一次，我晚上去家访一位女生，走的时候她说不放心，要送我。我推着自行车，她就走在旁边、挂在我的臂弯里，俨然一对姐妹。结果，送到我家门口，我又不放心她一个人回家，再送她，我们就这样送过来送过去，来回走了两个多小时，有说不完的话，本来是因为她有情绪我才去家访的，结果坏情绪早就无影无踪了。

还有一天的晚上，一位家长给我打电话，说女儿跟她吵架，把自己关在小房间里，怎么都不肯开门，也不搭理父母，把他们吓坏了。结果，等我骑车赶到她家，她早就和她妈妈和好了，还把自己房间迅速打扫干净了。她妈妈说，一听到我马上就到的时候，她就主动开门了。

不同老师的同一个举动，常常会收到不同的反馈，这是源于师生的感情基础。有老师进教室就拍着桌子叫大家安静；而有的，却只要一个眼神，便能让整个教室瞬间安静下来。很多时候，一些老师自认为很尽心，但收效甚微。

但像我这样，让学生离不开我就没任何问题了？后来在这个班，我发现，同学们只要犯错，就一定会愧疚地向我赔礼道歉，说对不起我，这样的结果难道就是对的吗？他们缘何对不起我？是我传递了错误的信息，还是他们会错了意？难道师生感情太好也错了？事实上，除了跟我亲近，他们也很敬畏我呀。

事实上，如果学生的成长只是为了迎合甚至是讨好老师，那也不是真正的教育，学生在以后没有老师的人生里依然可能辨不清方向，而老师也仅仅是把教育当成了自私、自恋的工具。

著名企业家埃隆·马斯克曾在演讲中说："令人忧虑的是，今天孩子学习和进步的动力，几乎全部来自外在的压力和奖励。"曾经听到有人说，以后没有高考就好了，我内心惶恐，如果真的是这样，恐怕很多莘莘学子的内心要被掏空了吧，没有了标杆还会有动力吗？北大心理学教授徐凯文将这种心理状态称为"空心"，其实就是一种目标缺失的表现。

教育不是注满一桶水，而是点燃一把火。只有老师用自身内心的充盈去营造环境和氛围，才能为学生赋能，赋予他们生命的意义，才能让学生拥有自己的内在驱动力。这才是真正意义上的教育，而非耀眼的摆设。

在后来的一次班会上，我告诉他们：我们每个人都是独立的个体，各自发着自己的光，并互相欣赏，不存在谁怕谁，有时候我是你们老师，而有些时候，你们却是我的老师，是你们在教我成长。有缘成为师生，愿我们生命在场、灵魂相伴。

意念的穿透力

——广播操比赛

意念不是玄学，而是一种内心的相信。相信本身就是一种力量，我们要相信"相信"的力量，让每个学生、整个班级有"相信"的信念，这种力量无疑是强大的，具有极强的穿透力。

几乎每个学校都会定期或不定期开展广播操比赛吧，我们学校也不例外。

那段时间，同学们学业紧张，活动也不少。原本，对于像我们班这样，各方面都表现突出的班级，广播操比赛之前一定会努力练习，但这次，却没有太多时间。

还有一个小时就要比赛了，怎么办，再练也不会有突破了。

来到教室后，我说："马上要比赛了，我们做个游戏吧。"

同学们目瞪口呆，做游戏？不练广播操了？这还是我们的肖老师吗？都什么时候了还有心情做游戏？她不在乎比赛结果了吗？

"没什么大不了的，我们不练了。"我继续说，"大家准备好做游戏了吗？"

大家纳闷地看着我。

"好！那，请大家把眼睛闭上，对，都闭上。"

我开始了我的"神操作"。

"现在，大家是不是觉得整个世界都暗了下来？好，全校广播操比赛现在开始……两个小时后，比赛结束，下面，主持人宣布比赛结果：获得第一名的是……"

我故意停顿了好几秒，同学们都屏住呼吸。

"9106 班！"我大声宣布。同学们刚刚还期待会报到自己班的神情一下子瘪了下去。

"获得第二名的是，"我又停顿了几秒，大家又紧张起来，可能是觉得我们班没拿到第一，第二总能拿到的吧。

"9109 班！"有人发出了"啊"的声音。

"获得第三名的是，"又是停顿，"9204 班！"

"切，什么情况啊！"大家嘟囔起来。

一路说下来，再看大家的脸色，焦虑、不甘全写在了脸上，表情都很难看。我依旧不紧不慢地继续宣布，"获得第三十五名的是，9002 班！"

"我们是最后一名啊，不会吧。"

"什么情况啊，怎么可能！"

我继续大声宣布："第三十六名，也就是排在最后的，是……"

依然是停顿。

这次，不用我宣布了，大家异口同声、但满腹委屈、可怜巴巴地喊："9—1—0—7—班，额！"

我抿嘴偷笑。还好他们都闭着眼睛，没看到我得意的神情。

"同学们，现在，我们的眼前是一片黑暗吧。"

大家都闭着眼睛，当然一片黑暗。我知道，现在，每个人都被阴霾笼罩。我垂头丧气的声音再次响起，"感觉天也是阴沉的，犹如我们的心情，大家一定和我一样，非常沮丧和不甘吧，不过，"突然，我的声音变得洪亮，"等大家睁眼后，一定要第一时间看看教室、看看窗外！"

"好，准备好了吗？请大家睁眼！"我语带欣喜地说。

大家睁开眼，揉了揉，努力适应着强烈的阳光。

"同学们，大家看看，现在是不是阳光明媚啊，我们的教室是不是窗明几净啊，是不是觉得世界如此美好呀！"我的语气、语调似乎都带着光亮、带着力量。

"带着你们阳光的心态，去迎接比赛吧，我相信你们一定行的！"我一边说着一边做了个加油的动作。果然，同学们的神态跟刚才完全不一样了，个个精神抖擞、摩拳擦掌、信心满满。

"你们现在的状态就是最好的竞技状态。不过我有两点要提醒大家：第一，从现在，一直到比赛，都不要说话，也不要用眼神交流，更不要嬉笑，因为我怕你们一张口，最佳状态就从嘴里溜走了；第二，那不说话我们干吗呢？等会儿排队、下楼整队、原地坐下，没轮到自己的时候就看别人，整个过程一定保持安静，把心放在肚子里，沉住气，同时脑子里冥想每一个动作、每一个细节，像放电影一样。"

我想试探一下，"大家都能做到吗？"

大家异口同声、斩钉截铁地回答："能！能做到！"

我扑哧一声笑了出来："不是说不说话的吗？还说能，到底能不能啊？"

这次大家学乖了，都不回答我了，但，他们用眼神坚定地告诉我：老师，请放心，我们一定可以的！

果然，在轮到我们比赛之前，大家都屏住呼吸，凝神想细节。下楼的时候，其他班的同学看到我们奇怪的神情，问："你们都怎么啦？好奇怪哦。"只见我们班的同学就像压根儿没听见一样。

终于，轮到我们上场了，只见同学们个个像拉满的弓箭，有力、精准地做着每一个动作。

终于，成绩公布了，我们获得了全校第二名的好成绩。

同学们欢呼起来，摇着我，拽着我，试图把我抛起来，抛向天空。那一刻，大家心中满是成功、喜悦，酣畅淋漓！

面对这次广播操比赛，我之所以这么做，是出于这样的考虑：

首先，这次比赛确实没有太多练习的时间，但又不能听之任之、不作为、不引导，身为老师，必须激发每个同学积极向上的心态，必须激发大家的集体荣誉感和整体的力量。

其次，我不是在忽悠学生，我的做法更不是投机取巧，而是根据皮格马利翁效应以及心理学家巴甫洛夫的理论，利用视觉和内心的反差，用积极的心理暗示，在失败和挫折中营造自信的氛围，助力学生注意力和专注力的提升，爆发潜力，置之死地而后生。让每个学生、整个班级有"相信"的意念，这种力量无疑是强大的，具有极强的穿透力。

有这样一个故事，两个人被困沙漠，只剩下一个苹果和一把手枪。第一个人感觉没有了希望，自怨自艾，后悔自己不应该出来冒险，没几天就绝望了，用那把枪结束了自己的生命。第二个人坚信自己能走出去并且活下来，于是顶着炎炎烈日寻找水源和出路；最终，他靠着自己强大的信念，带着那个干瘪的苹果走出了沙漠。

相信本身就是一种力量，相信"相信"的力量，而这种力量并非看得见、摸得着的实在，它抽象的存在方式颠覆了人们"眼见为实"的观念；但它又确确实实地存在，在每个人的心里客观存在。这种力量叫"意念"，是一种不受我们身体局限的物质，它可以"舍弃"一切中间环节，具有强烈的"穿透力"。华严经上说，唯心所现，唯识所变，一切法从心想生，世间万法皆由心生。映照在教育中，我觉得也能得到启发：我们的心就像一面镜子，内心世界是怎样的，镜子所呈现的事物就会如何。心中有什么，你就有什么。心念是一种不可思议的能量，积极正面的心念能量会让你真的"心想事成"。所谓"德化情，情生意，意恒动"，"意恒动，识中择念，动机出矣"。即意念是气，是力，是一种能量。正如苏霍姆林斯基所说，自我教育需要有非常重要而强有力的促进因素——自尊心、自我尊重感和上进心。

对于这次广播操比赛，学生喜欢这样新鲜的做法，看似在"玩"，实则是激发他们的原生动力、集体荣誉感。在这个过程中，我的做法不比让他们练习来得轻松，但，在这一过程中，我看到了班级整体的倾情投入，看到了每张笑脸里蕴藏的自信，看到了那种舍我其谁的豪迈，那种只属于我们班的绽放，那么魅力四射！

教育需要智慧，但同时，这种睿智又很难被复制，它需要老师有明确的自我认知，有对人群、环境、氛围的"体感"，有内心充盈的自信，有对班级独特性的"体知"，这是在特定情况下对特定关系人群的"急中生智"的做法。

著名教育家于漪老师说，一旦你被人坚定地爱戴和支持，你就会无所畏惧地为他们做很多事，被坚定地支持从来就不是权衡利弊，而是单纯的喜欢。

过程性自教

——主题班会

老师的一颦一笑、一举一动无不影响着学生的成长，你关注什么、专注于什么，会潜移默化地传递给学生，那我们要传递什么？我们想展示什么样的世界给学生呢？

我们班二年级的时候，全市组织青年班主任主题班会大奖赛。经过层层筛选，我作为学校和区级比赛的第一名，作为我区的唯一选手，被推荐参加市级比赛。

比赛分两个阶段：先由班主任根据"展望与责任"这一主题现场编写教案；五天后评委实地观摩主题班会。

只有五天！思考、设计、编撰、排练、布置，我们要向评委展示最好的我们。

评委实地观摩当天，主持的同学开场后，马上就穿越到"肖老师五十岁生日"的场景。只见由同学扮演的肖老师正坐在沙发上聚精会神地看书，突然，门铃响了，"肖老师"拿起旁边的口红，哦，不，不是真的口红，是可视门铃的对讲机，而它旁边的"粉饼"是可视屏幕，"肖老师"眼睛有点老花，透过眼镜，端详着"粉饼"，对着"口红"说道："你好！你是？"

"肖老师，我是您以前的学生，我是姚呀。"姚兴奋地叫着。

"哦，姚啊，你怎么来啦，快进来快进来。"说着，"肖老师"按了"粉饼"上的按钮。

姚进门后，环顾四周，"哈哈哈，我是第一个，我就想早点来，太久没见您啦。"

"第一个？还有其他人？""肖老师"疑惑地说。

"当然呀，还有好多人嘞。"正说着，门铃又响了，这次是孙。不一会儿，来了一屋子的人，还好"肖老师"家地方不小。

"肖老师"惊奇地看着大家，突然发现，他们都是同一个班的，她努力回忆着谁是谁，谁叫什么名字。

"肖老师，您还记得吗？她就是当时跳舞跳得最好的杨呀。"有人嚷嚷。

"哦，记起来了，记起来了，杨跳舞真好看，现在在哪里工作呀？"

"她现在是国家舞蹈艺术中心的主力啦，跳一段吧，好久好久没看你跳舞啦。"

杨也不推辞，落落大方地舞了一曲。之后，有唱歌的，有朗诵的，有分享自己工作的。

"唉？那个，小陆怎么没来呀？""肖老师"记得当时这个班有42个同学，怎么总感觉少了一个呢？

人群好像被什么魔杖点到了，瞬间安静下来，甚至表情也凝固了。

"怎么啦，小陆呢？他是副班长吧，我不会记错的。"

终于有人小声地说："他，他已经不在了。"

"不在了，他去哪儿啦？""肖老师"急忙问道。

"肖老师，事情是这样的。"

此时，同学们上演小品《爱的奉献》，向"肖老师"道出关于小陆的事：

小陆是建造南浦大桥的总工程师，大家叫他陆总。那天，陆总的爱人左手搀扶着婆婆，右手拉着女儿晓丽来到陆总的病房。陆总强撑着要坐起来，陆妈妈赶紧把他按下，满眼的心疼，"你别动，躺着别动啦。"

"妈，晓丽，你们都来了，我不要紧的，妈，您不要太累了，多歇歇。"陆总一边说一边喘。

"我没什么，就是你，你说你怎么就不听话呢！几个月才回家一次，你们工地上那么多人，就你离不开，非得住院了才停下来，那个，那个南浦大桥，比命还重要？！"陆妈妈一个劲儿地责备。

爱人赶紧打圆场，"妈，您别怪他，南浦大桥是我们市的重点建设项目，他是总工程师，职责所在呀。"

"爸爸，爸爸，你什么时候出院啊，你说过要带我去动物园玩的，都说了好多好多次了，你什么时候带我去啊？爸爸说话不算数，爸爸耍赖。"

"好啦，晓丽，爸爸累了，别烦着爸爸了哦。"

门口有人敲门，是医生，"陆总家属在吗？哦，都在啊，你们谁跟我出来一下。"

爱人按住婆婆，"妈，我去！"

爱人轻轻地推开门，又带上门，急切又小声地问："医生，情况怎么样啦？您说，医生，您说呀，我，我挺得住！"

"情况不好，陆总的胃癌已经晚期了，你们要有思想准备啊。"按了按陆总爱人的手背，医生离开了。

瞬间，泪水淹没了她的眼睛。她扶着走道的栏杆，好一会儿，她才擦干眼泪，深呼吸，再次回到病房。陆总用眼神询问，她只能避开。

"医生怎么说呀，哪天出院呀？"陆妈妈还蒙在鼓里。

"医生说，还，还要段时间。"爱人说着，扭过头去。

陆总微微笑了笑，"晓丽啊，爸爸最喜欢听你唱歌了，唱首歌给爸爸听好吗？"

"对对，唱首歌给爸爸听。"爱人拉了拉晓丽。

晓丽天真地问："爸爸，你想听哪首呢？"

"就唱爸爸最喜欢的那首《爱的奉献》吧。"陆总的目光始终看着女儿，一刻也不愿离开。

爱人搂着女儿的肩膀，母女俩依偎着边唱边走到台前："这是心的呼唤，这是爱的奉献……"

全场响起《爱的奉献》。

伴随着音乐，同学们、老师们、评委们、观众们都潸然泪下。

一曲终了，大家却久久不能平复。

最终，小姚打破了沉闷，"今天是肖老师五十大寿，快，快把蛋糕推出来。"不知道什么时候，谁准备了大蛋糕，小推车上的蛋糕光彩亮丽，赫然印着：肖老师五十岁生日快乐！

当生日歌响起时，我，串起每个人的手，聚拢在蛋糕周围，大声祝福："上海的明天会更好！"这也正是本次主题班会的题目。蜡烛吹灭的那一刻，大型横幅"展望未来、责任有我"从天而降。

"下面，我们请寿星讲两句吧。"

"对，肖老师讲两句！"

"叫真正的肖老师讲吧！"

"对对对！"

真正的肖老师——我，坚定地走向前，说道："同学们，各位评委，大家下午好！今天，我们展望二十年后的上海，我坚信，上海的未来、祖国的未来一定会更加繁荣昌盛，你们是祖国未来的栋梁，一切的美好要靠你们这一代去努力、去实现！你们要肩负起这份重担、这份责任，努力进取，不负寄托！同学们，祖国的未来属于你们！"

接着，同学们各自从不同角度讲述自己的前进目标，以及为之努力的具体规划。

"上海的明天会更好"的主题班会，在一曲《明天会更好》的全体大合唱中落下帷幕。

最终，我们班以第一名的成绩获全市一等奖。

主题班会的比赛，我们取得了最好的成绩，但获奖并不是真正的目的。

每个老师都会经历比赛，如果我们自己内心追逐的是成绩、是结果，那学生自然而然就会接收到功利的信息。

有位小学女老师，在公开课比赛中表现得非常出色，尤其是为鼓励学生而奖励的小红花，为整堂课增添了亮色，得到评委们的一致好评。课后，老师走出教室，一位小男生追上她，"老师，老师，您掉了一朵小红花。"说着，小男孩弯腰捡起，虔诚地双手递给老师。

老师瞥了一眼，不屑地说："课都上好了，没用了，你扔了吧。"

小男孩顿时僵立在那儿，望着老师远去的背影，默默地转身，把小红花轻轻地放进了垃圾桶。

那一刻，不知道孩子心里在想些什么。

我也很想知道，为什么这位老师会刹那间变了一个人，哪个才是真实的她？这位老师啊，你究竟想展示什么样的世界给学生啊！

主题班会中，每个同学都有自己的角色，老师也有扮演者和真实的角色，那老师的真实角色仅仅是老师的社会化标签的存在吗？老师是有神圣光环的，具有生命性社会价值，之所以受人尊崇，是因为老师是很多很多角色的组合，没有边界，不必标签，越是多重的角色叠加越具有人格魅力，越是有其生命意义的价值存在，老师只有自身散发光芒，才能照耀学生心灵，才能使学生的成长得以拓宽、延伸。所谓"自助者天助"，老师只有在自身生命价值的实践和体现过程中，才能感受到一股巨大的推动力量，其一颦一笑、一举一动才能影响学生的成长，才能引导学生的"自教者天教"，即学生的自教、自我教育，而非来自其他人的"教育"。

这次主题班会就是学生在过程中的自教。我很欣慰我们班取得主题班会比赛的好成绩，但更值得我们珍惜的，是我们不以目标为目标、不以成绩为导向，而是为学生的"自教者天教"。我们要的是日夜奋战在一起的热情、在共同努力中展露的自信、不分彼此的默契和协作，以及在这过程中呈现的个人魅力和成全他人的付出。我满足地看到，演唱的同学天天反复练习，直到嗓子练哑才罢休；朗诵的同学，稿子改了几十次，还对着镜子拼命练习；

小品中，陆总的"妈妈"走路怎么都不像老婆婆，我们就请了专业演员来辅导，让角色更真实、鲜活；时间紧迫，我通宵了几个晚上，但每天一早就有同学从家里带来吃的给我，说肖老师辛苦了。过程中的种种点滴无不浸润着我们每个人的心灵，享受其中、"自教"其中，那种温暖、那种成全、那种收获，远远超过了获奖本身。

没有爱的互动、心的交汇，绝不可能有那种不分彼此的，一个眼神就会意、一个动作就明白的默契，这绝非一蹴而就，而是长时间来甜酸苦辣交融在一起的一种积累、一种沉淀，唯有如此才能在主题班会展示中自然流露、尽情绽放。

舞台剧中，需要一位同学扮演农民企业家，排练时，隔壁班的班主任（就是那个"愚人节"里9班的班主任）插了一句，说："李同学就很适合，都不需要化妆。"说着，还指了指李同学。李同学当场跳起来，"要么你来演，你才适合呢！"

当下，我就走到他身边："你干吗呀，人家老师就是跟你开个玩笑，你这态度。"

"我怎么啦，他看不起我，说的什么话！"他梗着脖子。

"你也看不起农民企业家？当农民企业家就这么丢脸？如果刚才这句话是我说的呢？"我开始和他讲道理。

"你说可以，他说就不行！再说，我完全没有看不起农民企业家，我感觉是他看不起！"

　　瞧瞧，就是这么厚此薄彼。同样一句话，由不同的人说却有天壤之别。

　　整个主题班会我们用舞台剧形式贯穿始终，当时还没有穿越剧一说，但我们就这样做了，真的蛮意外的，好像又是一次无意识、不经意。

　　我由衷地感叹：灵魂不能被塑造，只能在整体上给予养料和阳光。我和同学们组成的独特整体，在这次的主题班会中，互相映照、互相成就。

引导胜于强扭

——离家出走

少男少女在成长中萌生恋情实属正常，老师们大可不必如遇猛禽野兽，惊慌失措，是引一引、拉一拉，还是训一训、堵一堵，结果可能完全不同，做法不对可能真的会把他们推向深渊，造成无可挽回的结局。

亲爱的读者，您是否认为我们班都是好事、暖心的事，都是一帆风顺的？

同样在这个班，就发生了一件让我心惊胆战、终生难忘的事：

女生G，活泼、漂亮，成绩也不错，大家都喜欢她。可最近，我多次听说G在谈恋爱。情况是真是假？我得了解下。

一天放学，我找她来办公室谈话，想着先迂回一下，便说："G，你头发真好看，烫过啦。"

"没有，没烫过。"她低着头。

"烫了就烫了，拉直就行了呗。"

我本想活跃气氛，谁知她像是吃了炸药一样，"我说了没烫就是没烫！"

说完这句话，她居然直接就走了，头也没回。

我愣在那里，有点不知所措，又有点担心。晚上，我打电话给她妈妈，她妈妈说她还没回家。我瞬间傻了，没回家，那她去哪里啦，她会去哪里呢？我在家里没头没脑的转圈，提心吊胆了一个晚上。第二天一大早，我就到教室查看，她没有来；十分钟后再去，还是没来。我赶紧打电话给她妈妈，她妈妈说 G 整个晚上都没回家，也正六神无主呢。我问她是否需要报警，她妈妈不想声张，说再找找。

整整三天，我和她妈妈想尽了各种办法寻找，还发动她的好朋友寻找，都没有结果。怎么办！怎么办！可以说，那几天是我人生的至暗时刻，我吓得不轻。好在第四天，她终于出现了，还是出现在我的办公室里。

"老师，我错了，我不该对你那么凶，知道你是为我好，更不该离家出走。不过老师，我只是住在我初中的好朋友家，不信你可以打电话问她的。"她一口气说了全部，我好一会儿才回过神来，重重地叹了一口气："回来就好，回来就好！"

那天，我们聊了很久，也聊了很多，但我一点儿也没有提她谈恋爱的事，我怕……

那周的班级活动，我给同学们上了一课——《都是早恋惹的祸》

课的结构分三部分：是什么、为什么、怎么办。

　　首先，什么是"早恋"？这个问题的回答五花八门，还有早早恋、青苹果、早锻炼等等不同的形容，不过都挺形象的。

　　其次，是"早恋"可能会产生的后果。我事先收集了各种令人震撼的数据和实证，比如，少年管教所的那些少年中有多少是由"早恋"导致的。果然，他们边看边感叹，"早恋"未必就是恋爱，而只是一种错觉、一种憧憬。

　　最后一部分才是重点，我要告诉他们遇到有关恋爱的事情要怎么对待，以引起他们的思考。我总结了"八要八不要"，即，要群体活动，不要单独相处；要在公共场所活动，不要在隐秘地点活动；要动口、不要动手等等。那如果实在喜欢一个人怎么办呢？那就每周找一个你不喜欢他的地方，并且记下来，一段时间后，你会发现他也没那么可爱。但，如果这样做了还是抵抗不住诱惑怎么办？

　　"那你俩就一起用保鲜膜把这份珍贵的感情包起来，"我神秘地说，"要包严实，放进冰箱冷冻，记住，是冷冻哦，不是冷藏，冷藏时间久了会坏的。等你们毕业那天，再把它从冰箱里拿出来解冻，解冻后如果没坏，那就用两颗滚烫的心一起将它融化，那时，我一定会祝福你们；如果解冻后发现坏了，那就直接扔掉，也不值得可惜。"

　　结尾，我做了一个实验：

　　在一个玻璃容器里，先放满大石头，再放小石头，再放沙子，最后放水；第二次，我倒过来做，先放满水，再放沙子，结果水和沙子溢了出来，之后，我再放小石子，放大石头，结果可想而知。看着看着，同学们似乎明白了我的意思：人的一生就好比这个玻璃容器，每个阶段都有各自适合做的或重要的事，要掌握节奏，该做什么的时候做什么，没轮到的事先不要急着做，只有这样，人生才能有条不紊，否则难免会狼狈不堪。

　　一堂课下来，同学们感悟很深，尽管我丝毫没提及G"早恋"的事，但看得出她也有所触动，因为在这之后，我感觉到她又静下心来认真学习了。

　　后来，这堂课参加区级主题教育课大赛，还收获了一等奖。

　　细细回想那几天发生的事，我脊背阵阵发凉。如果那天晚上她没有去初中好友家中借宿呢？如果她在路上闲逛时遇到不法分子呢？如果不止三天呢？如果发生什么意外呢？我不敢再想下去了。生命大过天，安全得不到保障还谈什么教育，还做什么老师！我自责不已，为什么她会离家出走？为什么我没探到她的动向？为什么她不信任我？我到底做了什么让她义无反顾地走出我的办公室，是我让她失望了？

　　事后我才得知，就在前一天晚上，G的父母在知道她谈恋爱后，大骂了她一顿，甚至骂得非常难听，那天晚上她就想离家出走了。第二天我又正好说她烫头发，其实，她只是自己用卷发棒卷了头发而已，想调整一下自己的心情，但被我一说，又激起了她的愤怒。唉，我是撞枪口上了。但无论如何，G是从我办公室出走的，我难逃其责。倒不是怕自己说不清楚，只是担心、后怕，责怪自己没有完全得到她的信任。

她为什么不能完全信任我呢？有事为什么不能坦言而选择逃离呢？有些时候，我们是会把事情和烦恼憋在自己心里的，大人也会，甚至更会，我们会习惯性地压抑、克制自己，大家在小时候就觉得能忍的孩子才是懂事的、哭闹宣泄的孩子就是不听话的，所以，有一种懂事叫作妈妈觉得你懂事。但其实，人的负面情绪如果不能直白地表达出来，别人是不会知道的，反而会造成自己的内耗，不仅影响健康，还不利于问题的解决，所谓"压死骆驼的最后一根稻草"，往往就是负面情绪层层叠加后的崩溃或者爆发。社会上被"稻草"压死的案例还少吗？

坦言自己的想法和情绪，更有利于事情的解决和坏情绪的释放。现在，患心理疾病的人有增无减，尤其在青少年当中，比例逐年上升，如果大家都能学会以平和的心态省视自己的委屈、挫折，继而采取有效可行的做法，那就一定会收到良好的效果，打造出我们想要的生存环境。但问题是，即使孩子能表达出来，家长甚至老师一定能应对得体？未必！老师也要学会面对自己的情绪，如此才能引导学生加深对自我的认知，只有引导他们认识自我才能让他们学会掌控自己的情绪，我们的学生才会有安全感。

不管是谁，不可能做任何事都一帆风顺，做班主任也不例外。

G 在班上各方面表现都不错，却因为感情问题，差点酿成大错。我只能弯道超车，借主题教育引导学生的自省，因为这不只是她一个人会碰到的问题，具有一定的代表性。老师何不用自身或周围人的经验教训，唤起他们的理性思考。是引一引、拉一拉，还是训一训、堵一堵，结果可能完全不同，引导胜于强扭，做法不对可能真的会把他们推向深渊，甚至造成无可挽回的结局。

反思与总结

不经意地做了班主任，偶然地遇到了相伴的同学们，我们之间发生的那么多"故事"，让我真切地感受到，在学生成长的同时，我自己也在成长，这种成长来自同学们的激发和成全，是他们的纯净和美好，让我深切地体悟到自己的真实存在和生命价值。

突然又想到"混沌"，在我看来，"混沌"就是一种生命，它无法用单一的数据推演，无从割裂出七窍呈现，不是标签式的人为界定；而是内心的整体，是生根的本性。

"蝴蝶效应"，某种程度上也可以说是混沌理论的一种体现——初始条件是十分微小的变化，但经过不断放大，对其未来状态会造成极其重大的、甚至是颠覆性的影响。有一首民谣是这样写的：钉子缺，蹄铁卸；蹄铁卸，战马蹶；战马蹶，骑士绝；骑士绝，战事折；战事折，国家灭。马蹄铁上一个钉子是否会丢失，本是初始条件的十分微小的变化，但其"长期"效应却关乎一个帝国的存亡。这就是军事和政治领域的"蝴蝶效应"。

那在教育领域呢？老师的纯净心灵和生命本性就是那蝴蝶，亦会"差之毫厘，失之千里"。第一次去实习单位看望同学，就被门口的工作人员猜到我是肖老师，继而说出愚人节趣事、主题班会得奖、武夷山活动等等，还惊喜地说："终于见到'活的'肖老师了，你们班的事我们都知道。"其实他们不知道的事还多着呢，我们经常组织班级活动，朗诵会、书本剧会演、才艺展、体育赛、环保手工展，五花八门、应有尽有；每次负责活动的团队都不同，是由同学们自由组队、轮流承担，从策划、写稿，到实施、总结，打包完成；有隆重的，也有小型的，甚至还有碎片式的，所有这些，都是为了让每颗铁蹄上的钉子看到自身的存在和价值，拥有自己的生命舞台和成长自信。

　　学生初始的混沌状态绝非杂乱无章的混乱状况，而只是一些或好或不够好的碎片，我把每个学生、班级视作一个个整体，包括我自己也是一样。我看到每个人身上的碎片，它们互相浸润、交融，成为散发光亮、互相映照的整体。我只做了三届班主任，但反思那些年，我传递给学生我的本性、我的思想；他们回馈的，是信任、是温暖。一桩桩、一件件，欢笑、泪水、忐忑、揪心，无一不是我弥足珍贵的永久珍藏和怀念。

　　我默默地下决心，在未来，也要做一只灵魂健康的、人格饱满的、充满梦想的蝴蝶，为学生带来滋养的、持久的、被接纳的和风。

第二章　学生科长的自我省视

1997 年，我 31 岁，被学校委以重任，担任学生科长。从此，我的舞台更大了，我的学生更多了，肩负的责任也更重了。

这也是全新的开始，一切从头摸索、从无感开始。

第一次上台主持升旗仪式时，尽管腹稿打了无数遍，但面对压满整个操场的全校师生，我拿着话筒的手还是不自禁地哆嗦，讲了没几句，居然卡住了，脑中一片空白，这下完了，腿也在抖了。全场安静了足足有一分钟，居然爆发出了掌声，好吧，是鼓励我的，我搜肠刮肚才勉强续上前面的话。真是自作孽，谁让我自以为是地不准备书面稿子念呢，真以为自己是天才，刚愎自用了。

这让我在以后的很长一段时间里都不敢"造次"，一切按照规矩来。我和以前不一样了，端着个头衔和标签，紧绷着脸，唯恐学生不怕我，唯恐别人说我不行。

以长者自居的后果

——手机风波

　　面对"犯错误"的学生，我们看似温柔细语，还自以为能帮到他们，可终究是以长者自居俯视他们，完全不顾学生的想法，自认为无须了解、无须解释，觉得错了就是错了，试图把一整套自认为正确的信念和价值观强加给他们，给他们压迫、被操纵的感觉，但是，教师可以拥有这样独裁的权力吗？

　　社会发展得真快，在我做学生科长的那些年就已经有人在用手机了，但是不多，基本是那种诺基亚的小砖块，学生中也有人有，并且会带到学校。我们就定了一条规矩，学生不得带手机进校，强调带了就处分。

　　那天，路过一个教室时，我一眼瞥见有位女生弓着腰在偷偷打电话。我一个箭步冲上去，厉声喝道："你在干吗？！"

　　她吓得一激灵，惊慌失措地张大嘴看着我，我一脸正气地重复着："你在干吗？对学校的规定置若罔闻？跟我到办公室来！"

　　她默默地跟在我屁股后面，一路上，像警察逮到了坏人，一个抬头挺胸，一个低着头半遮半掩。

到了办公室，我一顿数落，"叫你家长来，明文规定了你还违反！"

她爸爸来了，一个劲儿地说是女儿不好，我也缓和了语气，说道："××爸爸，你是个通情达理的家长，但这是学校规定，同学们也都清楚，所以，还是要接受处分的，希望……"

我话还没讲完，就被她爸爸打断了："老师，能不能以教育为主啊，您看，带个手机孩子就要受处分，她以后怎么做人啊。"

"这是学校定的规矩呀，处分是免不了的。"

她爸爸一下子跳起来，"就不能不处分吗老师，非要处分的话，我、我……"他四处寻找着什么，终于，他发现靠近门口的小柜子上有热水瓶，他拿过一个，犹豫了一下，狠狠地砸了下去。

我惊呆了，怎么有这样的家长，挺了挺腰，"你砸热水瓶也还是要处分的！"

"你再说一遍？还是要处分？"

"是的！"我也不甘示弱。

"你、你！"他又拿了一个，又砸了。

"你这样砸没用，学校有规定的呀。"我语气和缓了点，但事已至此，没有办法了。

"砰！"第三个热水瓶也粉碎了。天啊！我们一共就三个热水瓶，这下好了，全砸了，幸亏这时候已经接近下班，里面几乎没什么水，学生也已经放学了，要不然，这地上一片狼藉，也太难看了。

"你要处分她，你、你等着。"这位爸爸气急败坏，拉着女儿就走了。

第二天早操，我还是宣布了对她的处分。

事后我得知，她是班上的宣传委员，成绩优良，平时表现都挺好的。

第二天放学，我还是找她谈了一次，推心置腹地讲了我的为难之处，希望她能正确对待，改了就能撤销处分。她似乎不像她父亲那么激动，表示能理解，也说了她爸爸不是那么急躁的人，昨天回去后也很后悔，叫她跟老师打招呼，还拿了赔偿热水瓶的钱给我。她说她一定好好学习、好好做好自己的宣传委员的工作，争取早日撤销处分。

事情虽然就这样结束了，但我总觉得有问题。

我做错了吗？可她违反了学校规定，不处分我怎么向其他同学交代呢？但真的没有更好的做法了吗？我之前做班主任的时候不是这样的，什么时候变得居高临下、咄咄逼人了？尽管家长和学生最终都接受了我的做法，但，他们是心甘情愿，还是迫于孩子在我们"手里"的权宜之计？但传说中的"教导主任"不都是这样的吗？是跟班主任不一样的，不严厉怎么压得住全校学生？压不住怎么保证良好的校纪校风？那我的职责何在！

无独有偶，之后发生的几件事让我彻底泄气了。

Q是一位二年级的男生，有一次，我看到他的头发长得都可以扎小辫了，我又忍不住了，把他叫到办公室后说："同学，你头发太长了哦，你自己觉得呢？"

他点了点头。

我说："那你今天放学去剪掉？"

他"哦"了一声。

"你看哦，你前面还好一点，主要是后面，都快碰到肩膀了，只要后面剪短一点就行了。我倒是学过剪头发的，要不我帮你剪剪？"说着，我仔细观察着他的表情，他居然没有任何反对的意思，于是我得寸进尺，"真的可以吗？稍微剪掉一点？"

他又点点头。

"真的剪哦，我这儿有专业的工具，你瞧！"我从柜子里拿出那套工具，还有围兜，应有尽有。我把椅子放到办公室中间，再次试探他的态度，"要不要坐过来？"

他顺从地坐下。这下我放心了，拿起剪刀"咔咔"地剪起来，剪得不多，但一眼就能看出是剪过头发的。Q离开我的办公室的时候也没有异样。

结果，他跑了，没回家，这一跑，跑了近一个月。一直到他的父母找到他，我一颗提着的心才放下。

还有一件事，那是在上课时间，我看见一位男生和一位女生在走廊转角处说话，女生哭得稀里哗啦。

我柔声问："你们怎么了？要不要到我办公室坐坐？"

"跟他无关，我跟你走！"

哟，女侠啊。

女生到我办公室坐定，我询问，"你们有什么事吗？告诉我，万一我能帮到你呢？"

"没什么，不想说！"

"那为什么没去上课呀？"我依然温柔地询问。

"关你什么事啊！"说着，她突然激动起来，站起来就往窗台那儿跑。不好！她一只脚踏上了窗台，说时迟那时快，坐在窗户旁边的一位男老师迅疾伸手抓住了她的手臂："你干什么！"

我也反应过来，跑上去拽住她。我们办公室在二楼，但窗户下就是假山，她要是跳下去后果不堪设想，我浑身冒冷汗。

事后，我从班主任那儿了解到：这不是她第一次寻死了，她

"男朋友"、就是那位在转角处和她说话的男同学，每次提出分手，她都会自杀，只是每次都没成功。但为什么班主任没事先告诉我她的情况啊？

天啊！我这是造了什么孽啊！我惶惶不可终日，每天无精打采，无时无刻不在心里念叨：别出事哦，千万别出什么事才好。好悬啊，这日子过得，三位同学都差点……我惴惴不安地胡思乱想：我是不是不适合这个岗位啊！哪天真要出了什么事怎么了得，哪天真的有家长对我不依不饶我又当如何？在接下来的班主任会上，尽管我强调了特殊学生务必在学生科备案，但那些阴影，这辈子都刻在心里。

我退缩了，不敢向前，之前的那些"碎片"渐行渐远，那个"整体"也丢失了边界。

直到现在，每每想起这几件事，都让我愧疚不已。

如果我能够倾听一下他们的心里话呢？在一个平等的坐标上倾听，结果还会是这样吗？我看似温柔细语，还自以为能帮到他们，可终究是以长者自居俯视他们，完全不顾学生的想法，自认为无须了解、无须解释，觉得错了就是错了，谁让我管的是一大群人呢！我变了，真的变了，我试图把一整套自认为正确的信念和价值观强加给他们，给他们压迫、被操纵的感觉，但是，教师可以拥有这样独裁的权力吗？

至今，我仍欠他们一个道歉！

带着情绪做事

——手筋断了

你有过带着个人情绪工作的经历吗？在面对学生的时候，老师只是为了"摆平""搞定"学生吗？教育，只是为了"收拾""制服"学生的兵法吗？我们把教育变成自私、自恋的事业了吗？

之后的那件事，让我……

那是端午节前一天的下午，某班的班主任打电话找我，急匆匆地说：出事了，他们班一位男生手割破了，出了好多血，她先带他去医院，等了解了情况再向我汇报。

晚上，我接到班主任电话，那位男生的右手，除了大拇指，其余四个手指的筋都断了，已转到三甲医院做接筋手术。

事情是这样的：美术课上，老师要求同学们画一幅画，完成的同学到讲台由老师面批。坐在倒数第二排的一位女生跟旁边一排邻座的男生是恋爱关系，男生主动问她要画纸帮她画，她不给，两人争执起来，女生越来越激动，拿起同桌同学笔袋里的美工刀就要割自己手腕，就在美工刀碰到手腕的一瞬间，男生不顾一切地用右手手掌去夺刀，速度快、用力猛，刀刃瞬间割断了右手四根手指的筋，血流一地，情势极其紧急。现在，虽然筋已接上，但已恢复不到原来的样子和动作了。我当即决定，明天一早，也就是端午节放假的第一天，和班主任一起去医院探望他。但，当时我的父亲重病住院，我原本计划放假第一时间就去陪他，事实上，我父亲在那次住院后，就再也没有回来。但我还是选择去看望学生，因为，我心疼学生；也因为，这是我的职责所在！

第二天一早，当我们来到病房，那位男生和他妈妈、姐姐的情绪都非常激动，男生大吼："你来干吗！你来看我有用吗？"

"我是代表学校来看你的，你怎么样，好点了吗？"我耐着性子温柔地说。

"不用你管，你以为你了不起啊，开了一辆红车子，像真的一样，你以为学生都怕你啊，我就不怕，你滚出去，滚出去！我不要你看！"他居然，居然指着我的鼻子骂。天啊，我将视线投自良善，而我的学生则直接将视线投向黑暗。

她妈妈和姐姐也跟着说："就是，滚出去，我们不用你看，你们学校是要负责的，他是在学校受的伤，现在手残废了，以后都不能恢复，滚出去，还假惺惺地来看干吗！"

我僵在原地，泪水奔涌而出，我的父亲，还在医院里，等着他最爱的女儿去看他，我却在这儿被学生，对，被我一直珍爱的学生，指着鼻子破口大骂，我究竟是做错了什么？

对学生，我终究是错付了吗？

亲爱的读者，就在此时此刻，在我写下这段文字的时候，我依然泪如泉涌，那一幕竟然依旧历历在目，而我对父亲的愧疚也依旧难以平复！

我究竟做错了什么！

我不记得我是怎么离开病房、离开医院的，但我记得我是怎么强忍着眼泪和委屈见我父亲的。

我崩溃了，我做不下去了，管他什么学生、管他什么职责！我还没有高尚到可以无视这样的无理谩骂，我做不到这么卑微地工作、这么忍气吞声！

领导得知我的状态，找我谈心，我坦言自己的委屈和想法。领导微笑着说："碰壁是正常的，有谁是一帆风顺的呢？你是个上进、有想法的年轻人，谁没有受过委屈、没有遇到过挫折？但我相信你，一直都相信你！你是个好老师，是个有责任心的科长！今天下班，我和你一起，去看看你父亲。"

一阵感动，我又落泪了。

原来，领导依然关注我，依然信任我，但我能做好吗？我还能继续吗？我默默地问自己，我真的还能做下去吗？我父母都是老党员，一辈子勤勤恳恳，他们不也一直教育我要把工作放在第一位吗？每次即使我只取得一丁点成绩，他们都比我还高兴，他们一直以我为荣，我想，他们会理解我的"大公无私"吧，会希望我继续我的事业的吧。

我开始调查事情始末。

调查后发现事实并非如他们所言，而是这样的：那天，第一节课布置的随堂作画，一些同学中途下课时已经完成，一堆人围着讲台让老师面批，讲台周边挤得水泄不通，老师看不见后排发生的事。尽管大家都听到了动静，但，大家也都知道这两位同学的恋爱关系，且两人三天一小吵、五天一大吵，因此并未在意。而且，老师也从未规定上课必须带美工刀。事情发生后，任课老师第一时间通知班主任，并带学生至医务室，班主任也第一时间带受伤的学生去了医院。

也就是说，学校、老师均未有失当之处。

亲爱的读者，您看到了吗？您看到我的行为了吗？抑或您已经看到了更深的层面：我，带着个人情绪在工作，在面对我的学生时。我是在维护什么吗？和父亲的亲情？还是我个人的尊严？我的一句"我是代表学校来看你的"，瞬间就把学生和家长推到了对立面，难道不是吗？我是耐着性子在跟同学对话，而我强压的怒火，学生和家长感受不到？这样的对话从一开始就注定会失败，因为从我决定先看望学生的那一刻起，我的心里就充满着委屈、不值。我是在忍受，而不是心甘情愿；去医院看他，就是想快速摆平、搞定此事，因为我从来都是能搞得定的。

老师，只是为了"摆平""搞定"学生吗？教育，只是为了"收拾""制服"学生的兵法吗？我什么时候开始将教育变成一项自私、自恋的事业了？

冯友兰先生在《中国哲学》的开头写道："教育的本质是成全人，让人作为人能够成为人，而不仅仅是成为某种人。"老师更应该以一颗开朗包容的心去对待周围的人，尤其是学生。

好在反省后，我主动找到家长再次沟通，放平心态、摆正位置，置身其中地思考后，我猛然发现他是为避免一场自残，甚或自杀行为而不惜牺牲自己啊！面对学生的咄咄逼人，甚至对我的"伤害"，我是应该睚眦必报、忍气吞声，还是包容原谅？学生就是不完美的，但谁又是完美的呢？我曾经的大度、豁达都去哪里了呢？我有没有透过他的表象看到事情的起因，以及他内心缘何而来的对我的愤怒呢？后来我了解到，他之前因为跟这位女生的关系，多次遭到班主任的批评，不少同学也"恐吓"过他：肖科知道你们的事肯定会找你们哦，当心处分哦！你看，没有因哪来果。原来他是深深地"怕"着我的啊，是怕被同学言中、怕被处分，我就是"传说中的教导主任"啊，我得抛开情绪好好地反省自己了。这样想着，对话就有了基础，之后的一切就顺理成章地妥善解决了。

我们每个人都要学会跳出自己"看"自己，要学会关注自己的内心、化解自己的情绪，养成自省的习惯，学生需要，老师更需要！

我又想尝试继续了，尝试捡起曾经的自信，寻找曾经的碎片和属于我的整体。

学生也在围观你

——冲击考场

"人们聚集在路两旁，形成一道人墙，他们的目光全都聚焦在一个地方。"

我们不仅要建设校园的硬环境，更要创设符合教育的软环境。

那天是期中考试，整个校园静悄悄的。

我独自坐在办公室，突然一阵喧闹灌入耳朵，声音越来越大，似乎有很多人。随即一位女生冲进我的办公室，气喘吁吁地大声说："肖老师，不好了，好多大人，他们，他们冲进我们教室，要，要打人！"

我迅速站起来，跟着她往外跑，边跑边问："什么情况？到底多少人？是家长吗？为什么要打人？今天不是考试吗？"

"是的，我们就是在考试。"说着，我们已经到了事发地。

教室外已经围了好多老师，我拨开人群冲进去，只见六七个大人，他们穿得很奇怪，不是白西装，就是黑西装，像电影里的黑社会一样。他们正在教室里追着一个男生，作势要打他，还在不停地叫着："我打死你，小赤佬！敢欺负我儿子，找死啊！"

我来不及细想，一个箭步冲上去，直接挡在打人者和学生中间，顺势把学生拉到我背后，那个打人者依然嚣张："老师你走开，我今天要打死这个小赤佬！"

我来不及思考，立即迎上前去，比他声音还大，语气比他更像"流氓"："你还知道我是老师啊！那你不知道这是学校吗？要西嘞（要死了），你耍流氓啊，耍流氓也不先问问我啊！你要打他是吧，来，你先打我！打呀！打呀！"我把身体往前凑了凑。

他大概被我的举动震住了，愣在那里，我索性上去拍了拍他的肩膀，压低了声音说："你有病啊！敢打我的学生！要西嘞！有什么事你不会找我啊，要打我学生。"

他居然笑了，"老师老师，对不起哦，我就是气不过他欺负我儿子。"

我也索性不讲理到底了，"欺负你儿子怎么啦，有本事你冲我来，他们都是我的学生，你一个大人，打人家孩子算什么啊，走，跟我到办公室去说。"我不由分说，拽着他衣领往我办公室的方向走，他居然也乖乖地被我拽着跟我走。

我回头对学生们说："好了，你们都好好考试，别受影响了！"

到了办公室，我依然骂骂咧咧："你看你，像什么样子，还白西装黑西装的，黑社会啊，到我学校耍威风！"

"老师老师，真的对不起，我听你的，但你要为我儿子做主的哦，他欺负我儿子总是不对的吧。"

"我会调查的，以后遇事冷静点，有事可以来找我，我姓肖。"

"晓得了晓得了，以后有事一定找肖老师。"

一场风波过去了。两位同学经过谈话，都认识到自己的问题，和好了。

光天化日，在校园里，在考场上打人，作为学生科长，我怎能容忍，学生的人身安全怎么能没有保障。尽管事后仍心有余悸，但我要维护的不是这一个学生，而是全体学生，更是学校的威严！

这个家长一看就是混迹于社会的不良人士，不拿点气势压不倒他，越是心平气和，他可能会越嚣张，大庭广众下，我必须一招制胜，否则就被他占了上风，对学生、对学校、对我都不利。当然，如果我不能控制住场面，就一定会报警，这是我的第二方案。

之后，我发现，学生看我的眼神中充满了敬佩和信服，是因为我的挺身而出？我的担当？但那不是应该的吗？社会人士当着老师的面意欲打学生，这么放肆，老师难道不应该挡在学生前面吗？可那些围观的人呢？不也都是老师吗？为什么只有我敢冲上去呢？我特别强壮？当然不是，毕竟围观的老师中不乏男老师。

　　我突然想到鲁迅先生笔下的"围观"场景——《药》里围观处决革命党人的情景，"人们聚集在路两旁，形成一道人墙，他们的目光全都凝聚在一个地方。"还有《阿Q正传》里"围观"枪毙阿Q的，《示众》里围观一个"穿蓝布大衫上罩白背心的男人"游街示众。可那些都是鲁迅先生在当时的生存状态及社会氛围下，对无聊、麻木、冷漠的看客意识的强烈批判，但联想到现今社会的网络"吃瓜群众"，他们不就是抱着"事不关己、看看而已、随便说说"的态度来围观的吗？

　　那我们的老师呢？你们又是抱着何种心态围观的呢？难道他不是您的学生？哪怕不是您亲自教的学生，他挨打就跟您无关？您是在看热闹，可您的学生不也正在看您吗？当然，他们看到的仅仅是您的躯壳，而不是作为老师的您。您让学生怎么看待您！我想说的是，这不是您一个人的问题，而是一个空间、一个环境、一个生态、一个氛围的问题，我们经常说环境育人，这就是！环境育人，不仅要建设校园的硬环境，更要创设符合教育的软环境。

　　渐渐的，我又找到了感觉、找回了自信；渐渐的，我找回了自己曾经的碎片和那个整体感。

　　我依然是我，一个自信、有担当的我，一个遵循本心的我。

灵魂碰撞

——生死游戏

　　那一刻，是独特的我对独特学生的独特关注，面对不完美的学生个体，让她生命在场、体验生命。

　　那一刻，是基于自己的敏感性所做的情景教育的适切操作，而不是熟练地运用诊断工具，像临床医生那样精确地写研究报告的过程。

　　那是一个无所不为、"刀枪不入"的女孩子，她迟到、旷课、喝酒、抽烟、打架，而且不把任何人放眼里，完全无视老师和家长。

　　作为学生科长，我总得会会她。

　　一次好不容易在校园里见到她，我就请她来我办公室，她抱着死猪不怕开水烫的架势来了。

　　"坐下聊聊？"我随意地指了指面前的椅子。

　　"坐就坐。"她撅着头，翻着白眼。

　　我起身倒茶给她，她无动于衷，似是一切都跟她无关，漫不经心地开口，"找我什么事啊，我很忙的。"她抖着双腿、左顾右盼。

"我们做个游戏吧。"我也摆出一副无所谓的样子。

"有空哦，还做游戏。"她自言自语，也不看我。

我却看向她，"你不敢？你怕我？"

"我怕？我干吗要怕你啊。"她扬了扬嘴角不屑地说。

"不怕你就来呀，玩玩而已。"我依然一副轻松的模样。

"玩就玩，还能玩出什么花样！"

"好！玩玩，陈老师，帮我拿张纸，还有笔。"我对旁边的陈老师说。

我把笔和纸放到她面前，说："你有亲人的吧。"

"废话！"尽管小声，但我还是听见了。

"那你就在纸上写五个你的亲人的名字，或者朋友，是那种爱你的或你爱的。"

"写就写。"稍微想了想，她写了五个人名。

等她写完，我缓缓地开始讲："在普吉岛的沙滩上，天气很好，阳光明媚，有很多人，男的、女的、老的、少的，他们在沙滩上享受着阳光。有追逐打闹的、有坐在太阳伞下闭目养神的、有一家子或是年轻的朋友聚在一起的，这画面那么轻松、祥和，宛如世外桃源。"

我偷偷瞟了她一眼，她看似漫不经心，其实，我看得出她在听。

这时，刚刚还语气平缓的我，话锋一转，语调紧张急促起来，"突然，有人惊叫：'快看，那是什么！快、快，是什么！'很多人望向所指的方向，惊呼道：'这是什么，啊！是什么，速度好快，快过来了。''是海啸，啊，快跑，是海啸，海啸来啦，快跑！'对的，真的是海啸。众人不顾一切地拉起身边的亲人，拼了命地逃。瞬间，只是瞬间，那堵又高又凶猛的水墙冲向了海岸，死死地扑向了正在逃命的人群。只在瞬间，刚才的人群就不见了；刚才的祥和没有了，只有肆虐的海浪和隐隐的呼救声。一切都来得那么突然，来得那么残忍。"

我用力地、夸张地吸了一口气，停顿了差不多十秒。我看向她，悠悠地、悲痛地再次开口："这里面，有一位，有一位是你的亲人，就在这五个人当中。"

我把她写的纸向她推了推，"请你用笔把他的名字划掉！"我语气尽管平缓，但坚定、无情。

她看了看我，面无表情地、爽快地划掉了一个。

我继续说："那场海啸，死了好多人。之后就是善后，清点死去的人的名单，他们的亲人陆续赶赴出事地点。你的亲人也去了，"我抬眼看了看她，低头继续："很不幸，你的亲人在赶赴当地的时候，在盘山公路上，遇到车祸，车子翻下了山崖，其中，有一位伤势最重的，在送往医院途中，不幸去世了。"

我掩饰不住悲伤的情绪，"请你再划掉一个，"我用眼神示意她。

她拿起笔，犹豫地划掉了第二个人。

我叹了一口气，继续说出第三件残忍的事，当我要她划掉第三个名字的时候，只见她的手在颤抖，眼里泪光闪烁，但却坚决而狠心地划了下去。

我加重语气，继续将刀子往她心口挖。当让她划掉第四个名字的时候，她的眼泪喷涌而出，浑身颤抖，拿着笔迟迟划不下去，终于，她掩面痛哭。我也抽动着肩膀，眼泪止不住地往下流。那种感同身受的痛、那种撕心裂肺的绝望，充满了这间小小的办公室。不知道什么时候，旁边的陈老师默默地拉上了窗帘，隔断了阳光、隔断了空气，似乎把我们三个人隔断在一个密不透风的牢笼里，令人窒息、令人战栗；不知道什么时候，陈老师的电脑播放起哀怨的音乐，似是诉说亲人逝去的悲凉、宣泄着悲痛欲绝的无助。

我的身子探向她，抱住她，死死地、用力地抱住她，她也同样紧紧地抱住我，好像我是唯一能救她的那个人。许久，我们才松开，我开口道："我知道，刚才最后划掉的人，"我停顿了一会儿，不容置疑地肯定道，"是你妈妈！"

她吃惊地抬头看我。

"我还知道，唯一留下来的那个，是你的男朋友！"

她张大了嘴瞪着我。

"你很爱他，对吗？"

她用力点点头，眼泪再次奔腾。

"如果，我是说如果，如果我再加一道附加题给你，让你在你和男朋友之间再做个选择，你会放弃自己吗？"我狠心地盯着她，顿了顿，又说，"算了，我不想再让你选了，不重要了。"

她重重地吐出一口气，似乎我真的可以放她一马。

我伸手拉住了她的手，"生命只有一次，没有重来，逝去了就真的逝去了，珍惜自己的生命、珍惜周围人的生命，好好活着，活出个样子来给我看看！"

我安静地、满怀期盼地看着她。

第一次，她抬头看向我，似哭、似笑，坚定地、用力地点点头，眼眶里依然泛着晶莹的泪花。

我用另一只手拉住她另一只手，满眼的泪、满眼的爱，说："答应我两件事。"

她用力抿住嘴唇，直视我。

"第一，天天来读书，我想天天看到你！"她带着泪，笑了，点点头。

"第二，我和陈老师的话一定要听！"这次，她笑出了声。

我再次拥她入怀，久久地、久久地。

陈老师站起来，走到我们旁边，拍了拍她的肩膀，"走，到操场走几圈。"

她顺从地站起来，跟在陈老师身后，走到门口时又回头看了我一眼，我俩都挂着泪，但脸上挂着笑。

　　许久，陈老师才回来，他告诉我，他们走了一圈又一圈，一句话也没说，只是默默地走着，默默地想着。

　　陈老师拉开了窗帘，关掉了音乐，也拍了拍我，我们会心握手。

这哪里是游戏啊，分明是用刀在挖她的心，也是挖我的心，好痛好痛！

这哪里是谈话啊，分明是用灵魂撞击她的灵魂，好累好累！

这哪里是教育啊，分明是用生命在唤醒生命，好伤好伤！

我不禁再次思考，那一刻我到底是什么？是老师？是亲人？是朋友？不，远远不止，我觉得应该是她最亲的家人、最铁的闺蜜，甚至是生死之交，是很多很多角色叠加后的最集中重叠的那部分——好像什么都是，又好像什么都不是，是不可割裂的混合。如果仅仅是社会化标签的老师和学生，怎会产生这样的彼此感应，就好像简·爱对罗切斯特说的那句：我不是以血肉之躯和你说话，而是我的灵魂同你的灵魂在对话，我们彼此平等。如果仅仅是老师和学生的角色，那一定是不平等的，为什么老师要蹲下来跟学生说话，平视学生呢？因为老师只有把自己单一的老师角色推得越远跟学生的心灵才能走得越近，才能建立平等的生命之间的影响与灵魂之间的沟通。只有平等才见真实，只有融合才能融化。割裂了就端着了，端着了就不平等了，不平等就走不近了，走不近就没有心灵的同频共振了，有的只是契约式的虚假存在了。

　　而那种彼此的生命在场、生命体验，并不是在用我的手、我的脚，或者身体的某一个部位，甚至仅仅用脑在发力，而是我的全部，我的全部身心的投入。我想，这样的经历，此生一次足矣，因为不是每个学生都适合，那是对待极致的极致做法，对我而言，我亦不能承受此重，甚或不希望被复制，尽管事后，我在网上查到也有其他人用了类似做法。

　　只有能够激发学生去进行自我教育的教育才是真正的教育。所以教育是人与人的、主体间的灵肉交流活动，是生命内涵的领悟，是启迪他们自主地生成"自我教育"。

感性的生命张力

——心疼

"生死游戏"倒是真的仅此一次，但把自己谈得泪流满面、痛彻心扉的经历何止这一次啊！只有"头脑发热"的教育，才会饱含感性的生命张力。

W同学是一位二年级的"头痛学生"，几乎每周都会旷课，迟到的情况更是不计其数，甚至为此已经受到处分。在这之后，班主任没少联系家长，他却依然我行我素，没有丝毫改变。一转眼，旷课次数已达到需"劝其退学"的地步。当班主任无奈地打电话通知他妈妈来校办理退学手续时，她情绪激动地一定要找我理论，可孩子并不是我常待的校区的，我根本不认识，也不了解他；而且，即使我是整个学校的学生科长，我也不能违反学籍管理的规定呀。

那天下午，W的妈妈来了，在孩子舅舅的陪同下。她一进我的办公室，就急急忙忙地开口求我，求学校一定要再给孩子一次机会，看她的动作，似是要跪下了，我吓了一跳，赶忙拉着、扶她坐下。在她的述说中，我得知，W从小就患有严重的心脏病，8岁时终于好转，可10岁时又得了糖尿病，直到现在，每天都还需要吃药、打胰岛素。而W的爸爸呢，在孩子患心脏病的时候就不堪重负，也不愿担责，选择了离婚。之后，妈妈为了生活，为了供儿子上学，每天得打两份工，但也只能勉强维持日常开销。可尽管这样，妈妈还是非常在意孩子的学习，她说，孩子是她唯一的指望，就希望他将来能考上大学。所以只要和孩子在一起，一定会喋喋不休地催他看书学习，甚至偷偷在孩子的书桌下安装监控，被W发现后，母子发生了激烈的争吵，导致亲子关系彻底恶化。妈妈因此患上了重度抑郁症，W也自暴自弃、破罐破摔，甚至还故意气妈妈。

妈妈讲述这些的时候，语速极快，一会儿摇头叹气，一会儿眼泪吧嗒吧嗒地流，一会儿又突然停下来，眼神空洞地问我："老师老师，我讲到哪里啦，我突然记不得了，对不起哦老师，我最后一句话是什么啊？"啊！怎么会这样啊，妈妈的状态，真的就是个病人啊。

怎么办，面对这样的家庭、这样的学生，我该怎么办！他们已经够可怜了，可孩子不争气呀。

"劝退"吧，那么特殊的家庭，退学后他怎么办，妈妈怎么办；不退吧，下一步我又该怎么做？其实，在听妈妈讲的时候，我就在思考该如何留住他了。

"这样吧，我去向领导汇报，看能不能再让他试试。"话音未落，妈妈真的跪下了，哭着说："谢谢谢谢，谢谢肖老师！我回去一定好好教育他，一定叫他好好读书！"

"快起来，快起来，这是干吗呀。"我急忙拉她起来，扶她坐下。

"问题是，他再不改怎么办啊。"

"不会的，肖老师，这次我一定叫他改。"她坚定地说。

"我这两天去跟他谈谈吧，只是我要提醒你哦，就算你是他妈妈，也不能装监控监视他呀，你这是对他的极度不尊重、不信任，如果连妈妈都不相信他，那他是要放弃自己了呀，你说是吗？"她连连点头说是。

"我女儿很小的时候就学会了选择，我选择尊重她的选择，即使是穿什么袜子、什么衣服这样的小事，当她的选择不恰当的时候，我也不会责备，而是告诉她可能会出现哪几种后果，而不是必须听我的。所以你看，我们大人首先要学会尊重，对吧？"继而我分享了很多我的育儿心得，妈妈认真地听着，频频点头，说："肖老师，我错了，我不该这么对他。"

"而且，学习成绩就一定是最重要的吗？让他成为一个懂得感恩、有责任心、将来能自食其力的人不好吗？"我列举了很多这方面的例子，妈妈终于认识到自己的问题，我让她抽空再学习点教育心理学的知识，改变儿子要先从改变自己做起。

　　当天晚上，我接到 W 舅舅的电话，他说多亏肖老师能再给一次机会，W 妈妈今天是吃了镇定药来谈的，而且想好了，如果老师坚持要她办退学，她当天就去死。

　　天啊，我的"心软"居然救了她的命！我的后背又阵阵发凉了。

　　我只是心软吗？不，我是不想放弃一个学生。

　　第二天，我找了 W 来谈话，我得把他敲醒啊，他妈妈差点为他退学的事……

　　办公室里，我跟他坐得很近，看着他消瘦的模样，校服穿在他身上就像挂在衣架上一样。我把昨天谈话的情景一五一十都告诉他，还告诉他，昨天他差点失去妈妈。

　　我说："你很幸福，你还有妈妈疼，还能听妈妈啰唆，我的爸爸妈妈都不在了……"我的眼泪止不住地大颗大颗落下，几度哽咽说不下去。他被我的情绪感染了，眼里噙着泪水。我们就这么谈了两个小时，哭着、笑着、流着泪笑着。他离开办公室的时候，转身向我深深地鞠了一躬："谢谢你，老师，相信我，我会改的！"

　　我重重地点点头。

　　我再一次把自己放在并列主角的地位，好像他不是我的学生，而是我的亲人、我的家人，甚至包括他的妈妈也是，似乎是他痛我也痛，我跟他一样痛。这样的谈话注定会让人久久不能平静，这种"心疼"是一种置身其中的"心疼",并非简单的换位思考、感同身受;并非居高临下地怜悯、同情。这样的"头脑发热"的教育,才会饱含感性的生命张力。

平时我们总说,面对学生要将心比心,要有同理心,要换位思考,要设身处地地站在学生的立场上考虑问题,老师若没有宽大的、包容的胸怀,没有敏感的、透彻的观察,没有丰富的、细腻的内心,又何以"比心",何以"同理",何以"换位"?更遑论情感的接纳、传递与感化,以及彼此的生命意义的显现。

有一位年轻的班主任向我抱怨班上的一位学生,说他实在不可理喻。

"我说任何话他都一副不屑的样子,很多次还直接在全班同学面前怼我,甚至爆粗口,完全不把我放在眼里。我根本不能批评他,他像刺猬一样,一说就炸,真不知道他想干吗。"

刚巧我是他们班思政课的任课老师,我没觉得他有这种情况呀,他从来没怼过我呀,相反,听我的课也很认真,我说:"你现在跟我说到他的时候,心里是不是很烦?"

"是的呀,肖老师,我一看到他就生气!"她不假思索地说,依旧气呼呼的。

"那你跟他说话的时候应该也是这个表情吧。他接收到你嫌弃他的表情,怎么会和颜悦色地面对你呢?他没有这样对我这个任课老师,也没有这样对其他老师,可见问题未必出在他身上。有人说，你的世界是什么样的，你看这个世界就是什么样的，所谓'境由心造、相由心生'，就是这个道理。所以，你应该先尝试改变你对他的态度。"我继续说，"我再问你哦，你们在互相看不惯之前，相处得还好吗？"

她又激动起来，"那时候我对他很好的呀，他那次考试考得好我还表扬他呢，就表扬了他一个人！"

我说："你看哦，我问你之前情况，你第一反应是你对他有多好，而不是他的表现有多好。为什么不能从自身找问题，而是讲'好'的时候就是你好，讲'坏'的时候就是他坏呢？你在心里已经把他推到了自己的对立面，他难道感受不到？"

她突然张大了嘴，似是明白了我说的话。

自爱且爱他人，自尊且尊他人。全国模范特级教师呼秀珍曾经有这样一段分享："我没有放弃过一个调皮学生，不管他多调皮，不管他成绩多差，即使考不上高中，跟着我三年学做人，他将来到社会上一定是一个有用的人。我没有收过学生一分钱的补课费，为什么不收钱？教育是奉献不是索取，教育是公义不是功利。教师，先自重才能受尊重。"

我们老师都要扪心自问，我有没有放弃过一个学生？我能不能有底气地说跟我学习三年一定会成为对社会有用的人？我是在奉献还是在索取？我，自重了吗？

后来，W真的变了。我只要遇到他的班主任，就一定会询问他的情况，每次得到的回复都是"他不旷课了，迟到也几乎没有，各方面都进步很大"。而我只要去那个校区，就一定会去看他，询问他和妈妈的病情，询问有什么需要帮助的。有一次，他甚至向我讨教考大学的事。

这让我欣喜不已，而且我的欣喜显然感染到他，他跟我分享的事越来越多。我猛然觉得，我似乎成了他"家门"里面的人了。

"家门"一词最早在拉丁语里就是"门"的意思，到了古罗马时期，人们称之为"凯旋门"，就是说从外面回来的人，只要取得一点点成就，哪怕再小，这扇门里都有人等着你，为你高兴，为你庆祝，这是一个最温暖、最值得珍惜的地方。然而，有的中职学生的这扇门有时候却是破碎的，有形的破碎、无形的破碎，多种原因造成了这种破碎，如父母离异、父母的价值取向等等，孩子在外面取得的成绩与进步，在门里面不仅得不到他所期待的开心、庆祝，甚至还会受到轻慢或怀疑，这会令他沮丧、颓废，甚至破罐破摔。

所以老师的爱不是单一的"老师"的爱，但也并不全是嘘寒问暖的"妈妈式的老师"的爱，尤其是对于一个已成年的学生，这样的爱有时难免失之甜烂，也不是他所真正期待的"门"里面的、为他取得的成绩高兴、为他庆祝，特别珍惜他点滴进步的人的爱。所以一个好老师，一定不是单一的标签式的角色，而是多重角色的重合。

关注学生的独特性

——四大金刚

接任学生科长十余年后，我被调到另一所校区。听说那个校区校风堪忧，听说那里的水很深，听说那里有"四大金刚"。我默默下定决心，一个月，就一个月，我要把这个校区的校纪校风扭转过来。

然而，这次我感觉我又不是老师了，也不是家门里面的人，或者说不仅仅是老师或门里人，而更像是朋友、兄弟、哥们，再或者，是又叠加了。

报到的第二天，我找来B，他是个体魄强壮、有点"匪气"的三年级学生，杵在我面前，令我有些压抑。

略一思考，计上心头，我抬起头仰视他，笑眯眯地说："你就是B？"

"嗯！"看来他还蛮配合的嘛。

"我是从其他校区调过来的，在学生科工作。"

"哦！"接受得也蛮爽快的嘛。

我直奔主题，调侃道："来之前，我听人家说，这里有

'四大金刚'？"

他抬了抬眉毛，说："有吗？我没听说过。"嗯，装傻对吧。

"我来这个校区之前，有人提醒我要注意人身安全，你觉得呢？我要紧哦？人身会有保障哦？"我笑着朝他看。

"不会吧，应该没什么问题。"他一本正经地回我。

"哦，那我就放心了，哎，我平时开车上班的，他们还提醒我要注意我的车子，我车子会有问题吗？会不会有人划坏我的车啊。"

"怎么会，肯定不会。"他依然正经地答。

"那太好了，我开的是辆红色的车子，是××牌子的，车号是×××××××，真的不会有人弄坏我车子吗？挺贵的。"我依旧装模作样。

"不会的，老师，你放心吧。"

"那我以后就仰仗你了哦，你要保证我的人身安全哦，还有车子安全，有问题我就找你！"我盯着他。

"老师，我不会搞事情，但人家，我怎么保证啊。"他面露难色。

"我不管，反正我有什么事就找你，你得负责！"我要赖。

他笑出声，"老师，你怎么这样啊！"

"对呀，我就这样，反正我有事肯定找你，学校里有什么不好的事我也找你。"我就无赖了怎么样，看他拿我怎么办。

他"扑哧"一声笑了,"老师,你真是的。"

我继续逗他,"你这人很爽唉,谁说你不好啊,谁说你是'四大金刚'的头目啊,我看你一点儿都不像。我就喜欢你这种性格的,爽快,够哥儿们,你这个朋友我交定了。"我伸出手,"怎么样?交个朋友?"

"什么四大金刚,什么头目啊,老师,我听不懂啊!哈哈哈哈!"他边说边毫不犹豫地伸出手跟我握了握。

"太好了,不管你是什么,你都是我在这个校区的第一个朋友,而且,不会有第二个,我不会在这个校区的学生中交第二个朋友,只有你了。"他神秘地看看我,笑意中带着一丝狡黠。

我怎么感觉我在演,他也在演啊,哈哈,这对手戏,过瘾!

我继续着我的表演,"我们现在是朋友了,如果你脖子上没戴项链就好了。"

他脖子上的项链像自行车链条,又粗又黄,也不知道是不是真的,但我的目的很明确。话音刚落,只见他抬手去拽那项链,一下,没断;用力,还是没断;再使劲儿,终于听到断裂的声音,但还是没断。

"太粗了,你拉不断的,你以为你是四大金刚的头儿就真的力气那么大啊。"我继续激他。

他斜眼看我,咬牙切齿地,使出浑身解数,一跺脚,

"咔"的一声，还真拉断了。

我仰天大笑："你厉害，你够狠！够意思！我以后就靠你啦！"

对手戏就演到这儿啦。

之后，我没有再找他，但我时刻关注着他，他也感觉到我在关注他，是一个很聪明的人。很多次，在人群中，他瞥见我，就故意训斥他的那些"狐朋狗友"，叫他们别乱来，然后，冲我这边会心一笑，好默契的朋友。

一个月后的一天，我很早就到了学校，因为没吃早饭，就去校门口的一对老夫妇开的店吃水饺。正吃着，就听老两口在说话。

"哎，老头子啊，隔壁这个学校最近变化蛮大的哦。"

"怎么啦？"

"最近门口抽烟的没了，打架的也没了，怎么都变好啦。"

"变好不是蛮好的嘛。"

我忍不住笑嘻嘻地抬头问老婆婆："阿婆，那这个学校变好多久啦。"

"嗯……"老婆婆思索了一下，"也就差不多一个月吧。"

"哦！"我窃喜……

这次的交流中，我又是什么角色呢？我什么都不是，又什么都是。没有高低、没有框架，风轻云淡、轻松祥和。在很多人眼里，B 散漫、流里流气，但每一个生命的存在都有其独特性，我们不能用同一个标准来衡量每一个学生，即使大家都按照某一个人，或某一群人立的标准做，符合标准的以后就一定能进入管理层、精英层，进入社会各个宝塔尖的高端岗位？事实上，不可能每个人都能达到，即使达到，也一定是"非完全"的，否则就是"乌托邦"了。就像人无法呈现自己全部的真实，而只能呈现部分真实一样。

自然万物都是生命性的存在，生存法则也好，食物链也罢，都是相辅相成的自然规律和自然生态，人类必须尊重它、顺应它。生命之间的发现和支持也不是能全部得到的，我们只能不断去接近他。所有学生都是生命体，哪怕是再差的学生，都有其各自的独特性和规律，我们去发现他（她）的真实、去尊重他（她）的独特，就是在局部上帮助他，因材施教地接近属于他（她）个体的"标准"。

　　一天中午，我经过一个教室，看见里面有一位头发金黄的女生。我径直走到她面前，和颜悦色地弯下腰说："同学，你染头发啦，很黄哦。"

　　哪知，她反应极快，"啪"的一声，一拍桌子站了起来："谁染头发啦，我天生的，你最好调查清楚再说！"

　　我吓了一跳，真没想到会这样。我扫视教室，好多同学都吃惊地看向我们，好吧，我得给自己找台阶下。

　　我"嘿嘿"傻笑两声，"哦，天生的啊，对不起哦，是我不好，我老眼昏花了，没看清楚，没事没事，你们继续。"说着，我赶紧灰溜溜地逃离现场。

　　你看，我也有下不来台的时候。但无妨，每个人的特点都不同，即使是同一个人，也会在不同时空发生变化。赫拉克利特的名言"人不可能两次踏进同一条河流"，就体现了事物的绝对运动，月有阴晴圆缺，水流瞬息变化，但事物又是相对静止的，月终究是月，水依旧是水，我们不仅要认识事物，更要认识事物的变化，如同对学生的了解，甚至对自己，亦是。只有了解人的独特性，掌握其本性，才能找到打开他（她）的独特的钥匙。

冲突的解决

——班干部打人

处理学生问题时，不能以尽快翻篇为目的，而是要以理服人、以情动人，这样做，既不会伤害任何一方，又能起到教育和警示的作用。

邓是班上的宣传委员，对待工作尽心负责，尤其是每次的黑板报，都保质保量地完成，加上学习认真、成绩良好，深得老师赞赏和同学拥护。

可那天，出黑板报的时候，邓怎么就跟同学打起来了呢？

"金，你去帮忙打水好吗？"邓说。

金二话不说，拎了桶就去了。金刚把水桶放到教室，邓又说："金，你把黑板擦一下吧。"金看了他一眼，默默地把黑板擦了。

"金，这里、这里，还有点不干净，你再擦一下。"

"哦。"金沉下脸回应着。

"金，你再画一下格子哦，用那把长尺。"邓自己则翻着事先准备的黑板报图案。

"你为什么就叫我一个人做啊，别人你怎么不叫？"金脸上的不满显而易见。

"没为什么，就叫你了。"邓头也没抬。

"你什么意思啊，明明应该是两个人配合你的，你欺负人啊！"金拿着长尺，在空中戳戳点点。

"你干吗用尺戳我啊！"邓也不示弱，一把夺过长尺扔到课桌上。

"你干吗，你干吗，想打人啊！"说着，金上前推了一下邓。

邓直接反手一个耳光扇了过去，金的脸瞬间印上了几个指印，眼镜也应声落地，继而两人扭作一团，直到老师闻讯赶来，两人才松手。

之后，我的办公室里，除了迎来了两位同学，邓的爸爸和金的奶奶也来了。金的奶奶特别激动，还没进办公室就大声嚷嚷："谁打我孙子，学校还能打人啊！太不像话了，居然打人，开除他，一定要开除！"

"奶奶，您先坐，坐下来说话。"我和颜悦色地扶奶奶进门，拿了凳子请她坐。

"我不要坐，你是肖老师吧，你要主持公道！是他打人啊，还有，还有我孙子的眼镜也坏了，要赔的，他什么样子！我们要求开除他！必须要开除！"奶奶说了一连串，也没有要停的意思，我只能打断她。

"奶奶奶奶，您坐下来我们谈谈，吵不是办法，您坐。"说着，我硬是把奶奶按到椅子上。

"好了，大家既然都到学校了，那就先听我的，等会儿我会让家长讲话的，可以吗？"

刚才一直紧锁双眉的邓爸爸，重重点头。金奶奶斜了一眼邓和他爸爸，说："我听老师的，肖老师，你说。"

"那这样哦，我说话的时候大家不要插话，别人讲话的时候其他人也都不要插话，可以吗？"

大家都表示赞同后，我才开口道："邓，你先把事情经过讲一下，邓讲的时候大家不要插话哦。"

邓声音低沉地说了事情经过，当中金奶奶几次想插嘴，都被我阻止了，"奶奶，我们说好不插话的哦。"

继而金也讲了一遍事情经过。

"邓，你为什么只叫金一个人做事啊？"我也很好奇。

"另外那位同学中午的时候呕吐了，不舒服，所以，我只能叫他了。"邓回答道。

"事情经过大家都清楚了，那，邓，你先说说，整个过程中你错在哪里。不要说因为他什么什么不好，所以我怎么怎么样哦，一定要说自己的问题。"我继续说。

邓低着头："我没有跟金讲清楚另外那位同学的情况，让他误解了，是我不好！还有，我不该动手打人的。"

金也坦率地认错："我也不好，是我先推他的，再说，我也没弄清楚那位同学的情况。"

在他们各自说自己不好的时候，看得出，双方已然化解了对立情绪。

我开口道："首先，两位同学都认识到了自己的问题，很好！其次，打人是不对，理应受到惩处，但处分是手段，不是目的，关键是以后不再犯类似的错误，如果不处分也能达到目的，为什么一定要处分呢？最后，你们是中高职班级的学生，除了在我们学校相处三年，还要在高职院校相处两年，五年的同学情谊还抵不过一副眼镜的价值吗？赔和不赔真的那么重要吗？"

在我的循循善诱下，双方学生及家长达成了共识，改正了自己的错误，握手言和。

在校园里，我们不难遇到此类事情，老师怎么去化解矛盾，各有各的做法：有简单粗暴处分的，这样做，似乎是维护了被打的同学的利益，但前因后果呢？后续会产生什么负面效应呢？打人者颓废、被打者窃喜、围观者"吃瓜"……也有以赔钱为目的的，损坏物品，照价赔偿，看似天经地义，但矛盾依旧在，甚至同学们会认为，钱可以解决问题，只要有钱就行了。还有各打五十大板的，不是都有错吗？那就都处分，看你们以后谁还敢打人。

　　处理此类事情的目的究竟何在？如何让学生在未来的人生道路上举一反三？我一般会用以下三个步骤：首先，讲事实经过；其次，剖析自身问题，在剖析过程中，双方可以感受到对方的诚意；最后，提醒同学友情的珍贵。

　　在这一过程中，我尽力避免的是：处分；赔钱；以及后续的负面效应。

　　当然，仁者见仁，这是我的做法，分享给同仁，仅供参考。解决问题的方法未必千篇一律，但不以尽快翻篇为目的，而是以理服人、以情动人，既不伤害任何一方、又能起到教育本人警示他人的作用，并且要让学生学会好好说话，提升与人相处的能力。

　　这件事的背后还有个重要问题，邓是班干部啊，学生干部是要对自己有更高要求的。每学期开学前，团委组织学生干部培训时都会邀请我去讲几句。我一般都会强调三点：1. 以身作则，学生干部不能做到以身作则，比如仪表仪容、行为规范等，那就不适合当干部；2. 尽心尽责，学生干部不是荣誉，是责任、是担当、是公仆，没有这份心也不适合当干部；3. 善于思考，学生干部要勤于思考、乐于自省，要及时总结自己工作的得失。

　　所以事后，我又特意找了邓，进一步给他提供意见和建议。

老师，请"慎判"

——上访

我们有这样的权力吗？站在道德的制高点决定一个学生的人生？毕竟，有时候老师的一句话真的可以改写一个学生的人生。

同学 X 是另一个校区的住宿生。从一年级下半学期开始，他连续旷课超过学籍管理规定，应予劝退处理。

究其旷课原因，是他沉迷网络游戏。但在学生科找他爸爸告知劝退规定时，他爸爸非常激动，说是因为孩子在寝室受到排挤和霸凌，才导致他不愿上学的。学生科老师找到与他同寝室的同学了解情况，大家都说没有欺负，学生科只能维持"原判"。

得知结果后，他爸爸几次大闹校园，说要讨个公道，还四处投诉，甚至上访，从学校到上级部门，从区级到市级，再到市政府，连续上访给学校造成被动的局面和巨大的压力，并被上级责令查明此事，妥善处理。

至此，领导让我处理此事。在调查中，我发现他家是低保户，生活拮据，父母离异，孩子跟随父亲，父亲是一家企业的后勤人员，X是父亲的唯一指望，孩子没书读就完了，他们家庭也完了。我请相关同学背靠背写下事实经过，就是把同学分别安排在不同地点写情况，结果，所有人的证言还是说X沉迷网络，绝无霸凌一说。那就只有两种可能：一种，真如同学们所言，并无霸凌，但，为什么家长如此坚持，甚至拼命？另一种，就是其他同学攻守同盟，说好了把矛头一致对准X，绝不说漏。

到底是哪种呢？

我直接找X同学谈心。他神情黯然，语调低沉，但态度坚决，坚称是校园霸凌令他畏惧，不想上学。我也找了相关同学谈心，但他们也还是坚持原来的说法。

怎么办？我该何去何从？亲爱的读者，如果是您，您会怎么做呢？

我找领导说了我自己的看法。首先，我直觉，这只是我个人的直觉，X同学可能确实受到了一定程度的排挤和欺负。但既然没有直接证据证明他被霸凌了，能否让他换个校区学习，如果换个校区能正常上课，那很可能真的受霸凌了；如果依旧旷课，那再按规定劝退也不迟。领导同意了我的意见。

于是，X同学换到我所在的校区，进了一位年长班主任的班级。一段时间后，班主任一再感谢我，说这是个很好很好的学生，现在已经是班委干部了。

至于其他同学，我个别谈心、集体对话，请他们换位思考，如果受欺负的是他们自己，他们心里会怎么想。通过动之以情、晓之以理的沟通，最终让他们认识到自己的问题，主动找 X 同学承认错误。一场惊动全校的风波就此结束。

之后，X 同学的家长找到我，流着泪说我是他们全家的贵人，不仅救了 X 同学，还帮了他们一家。

老师有时可能会不自觉地凌驾在家长之上，我仅仅做了自己应该做的事，家长居然如此感恩戴德。我很汗颜。

这件事已经过去五年了。每逢节日，我总能收到 X 同学的祝福信息，他还告诉我他的近况。从我们学校毕业后，他考上了大专，后来专升本，又考研、读研，他说等研究生毕业一定回来看我，还常常跟我谈他的大学生活和学习，探讨一些人生困惑，以及毕业后的打算，满满的正能量，散发着朝气和光亮。

我想，这就是做老师最幸福的时刻吧。

省视自我，我就是怕"错判"了一个学生、毁了一个学生，继而毁了一个家庭。更可怕的是，毁了那些做错事却不知悔改的同学。那"错判"呢？何来错判，我们有这样的权力吗？站在道德的制高点决定一个学生的人生？毕竟，有时候老师的一句话真的可以改写一个学生的人生。

我们学校还发生过另一件类似的事，一位范同学也违反了校纪校规，可以劝退，但真的要这么做吗？我想再给他一次学习的机会，不想放弃，这种愿望非常强烈，可规矩在那儿，怎么给他，也给"规矩"一个台阶呢？我把他和他妈妈带到班上，罗列了他的优点和缺点，让同学们投票决定他的去留，果然，同学们都希望给他一次改正的机会。当大家同意他留下来继续读书的那一刻，他的眼里蓄满泪花，说一定不辜负大家的信任，一定好好学习。

有时候，处罚一个学生很容易，但随意处罚就是滥用职权，会造成难以弥补的遗憾，对学生如此，对老师自己呢？难道老师就能安心？能够释怀？正如孔子经常拷问他的学生"心安否"，就是提醒人们仁者才能爱人。

众所周知，教师是个良心活，这"良心"仅仅是对学生和家长而言？对自己、对社会难道不是吗？

网络上有一位"石头校长"的自述，小学二年级时，他被同桌诬陷偷了他的钢笔，班主任不由分说让他买新的赔偿，并在教室后面罚站。回到家后，他告诉妈妈，妈妈却反问："同桌为什么不诬陷别人，要诬陷你呢？"孩子瞬间跌入谷底，从此自暴自弃，成绩也每况愈下。后来，他换了班主任，班主任的一句"我觉得你可以成为一个好学生"让他重新找到了自我。

你看，老师的言行，真的可以改变一个学生的一生。

传道者自己要先明道、信道，教育者要先受教育。教师要成为学生做人的镜子。习近平总书记的父亲习仲勋，对子女要求甚严，从不让自己的公务车搭载家人，孩子们住寄宿学校，周末回家都是自己乘公交汽车。习近平继承了父亲严格自律、节俭诚朴的品格。他在贺寿信中写道："父亲的节俭几近苛刻。家教的严格，也是众所周知的。我们从小就是在父亲的这种教育下，养成勤俭持家习惯的。"

重言传、重身教，教知识、育品德，身体力行，耳濡目染。我们有责任帮助孩子扣好人生的第一粒扣子，迈好人生的第一个台阶。

有担当才可爱

——维护

究竟什么样的世界才值得我们去展示？

每个学生都是独立的、完整的人，应该被尊重和平视，不能因为他是学生、是受教育者，而被随意摆弄和控制。老师，是否应该经常在教育学生的同时，也将这种教育转化为自我教育。

为期三天的学生干部培训活动结束了，但就在回程的路上，我接到领导的电话，让我带领这两辆大巴车的学生干部去某高校参加一个机器人社团的交流活动。

疲惫的同学们一听就兴奋不已，我立马请求司机调转方向驶往活动地点。进入高校后，我发现走道两边竟立着很多宣传国外高校的宣传画，我在纳闷中到了会场。一位据说是在中国久居的外国人士在讲台上开启了他的讲话，我越听越奇怪，他丝毫没有提到社团和机器人，而全都是国外高校的介绍，并欢迎我们的学生报考这些大学。怎么会这样？这内容不对呀，我向旁边的工作人员再次确认联系人姓名和我们学校的名称，都能对得上。工作人员告诉我说今天的安排是先听宣传，再参加和这些高校的社团交流活动。啊，原来是这样啊。我赶紧打电话给领导，领导说他也只知道社团交流。可现在怎么办呢？我们怎么能充当这样带着导向的角色呢？学生会怎么看我们啊。我心里恼怒，但面上还得保持足够的文明和礼貌。

我果断地走向那位老外，诚恳但严肃地对他说："您好！我是他们的老师，我想我们之间可能有些误会，他们中有很多人下午要去参加一个社会上的考试，这个考试关系到他们的后期发展。所以，很对不起，我们来不及听完了。"没等老外反应过来，我转过身，面向同学们说："哪些同学下午要去考试的，请举一下手。"

瞬间，超过一半的同学都高举起手。

"下午的考试是三点吗？"我问道。

同学们大声地、异口同声地回答我，"是！是三点！"

我似是为难地转向老外，"您看，那么多同学要赶着去考试。您讲的内容很好，但我们时间来不及了，实在对不起，我们现在必须离开。"再次，不等他回神，我大声发出口令，"全体起立，整队回学校！"

老外意欲拉住我，我再次道歉后匆匆带着学生们离开了。

上车后，不知道谁先叫起来，"肖科威武！"

同学们跟着大声欢呼："肖科真厉害！肖科威武！"

我大声笑着问："你们下午是要考试，对吗？"

大家边笑边回答我："是的，是要考试，哈哈哈。"

很多时候，我们老师会发现，自己的一举一动正在被学生加以评论和模仿，一句玩笑、一个表情，甚至发型和衣着都是如此。哪怕相隔数十年再相聚，当年你上课的内容大家全然不记得，但那些经典的习惯性动作或语句却会引起大家的会心一笑。

老师不好做，老师是自带光芒的，这并不是要用光环绑架老师，而是人本身就是生命情感的本真，对于生命本体的教育而言更是如此。复旦大学哲学系王德峰教授在"中西思想必修课"的讲座中告诉我们，西方民族思想起源于柏拉图著名的《理想国》，其最重要的特征，是把诗人驱赶出理想国，诗人是感性的，是生命情感的表达，这就奠定了欧洲的民族文化及社会秩序的根基不在生命情感和感性的世界里，而在理念的基础，而东方文明，尤其是中华民族的文化根基是先秦诸子百家的论道，至王阳明的心学，确立了每一个人的主体地位的原则、心灵主体的地位，其人生问题的解决取决于人的体认和觉解。体认和觉解是一种悟性，在于将生命感受放进去，不断体会，并将生命情感上升为生命境界，这完全不同于西方的逻辑推理或知识应用，是与西方哲学思想的根本区别。

本真的生命情感人人都具备，没有个体差异。而教育是信任，是尊重，是鞭策，是触及灵魂的传递。对学生而言，越是喜欢的老师，他们越会关注，这时，我们无可避免地成为学生的榜样，并要求我们时刻传递正能量，去展示应该展示的世界，这时的学生已然成为我们的老师，对学生的教育已然转化为自我教育。

反思与总结

回顾我做学生科长的经历，我从最初的俯视学生、咄咄逼人，到后来的放下自我、找回本真，经历了思想的蜕变、行为的自省、理念的重塑，我深深地意识到，身为教师，肩负的是对一代人的教育、引导、激励，是培养国之栋梁的事业。

教育是育人和育才相统一的过程，而育人是本。

培养什么人，是教育的首要问题。"国有贤良之士众，则国家之治厚；贤良之士寡，则国家之治薄。"

《资治通鉴》记载了中国历史上一次非常惨痛的用人教训，春秋末年，晋国大夫智宣子错误地选择了多才少德的智伯为继承人，结果导致强大的智氏家族招致灭族之祸。为此，北宋史学家司马光评论道："智伯之亡也，才胜德也。"并提出"才者，德之资也；德者，才之帅也"的著名论断，意思是才能是德行的凭借，德行是才能的统帅。

司马光还按才、德的不同构成将人才分成四类："才德全尽谓之圣人，才德兼亡谓之愚人，德胜才谓之君子，才胜德谓之小人。"并提出发人深省的观点："凡取人之术，苟不得圣人、君子而与之，与其得小人，不若得愚人。"因此，司马光的人才思想是以德为先。用人当先求有德，若才德不能两全，"宁舍才而取德"。司马光认为，才胜德的人对社会的危害，远比一个无才无德之人要严重得多。

　　数学题的解法可以是一种或者几种，可以复制传授；英语的学习也可以有相应的方法；语文含有比较强的思想性，但也可以整理出类型；即使是专业技能的教授和训练也可以用技巧。这些知识或技能层面的思路、方法、技术、技巧、途径等，都可以通过复制和反复操作将它强化、固化下来，学生通过学习、练习可以形成自己的专业素养。但，作为具有完整性和独特性的人的品德呢？思考能力、思维方式、沟通协作、学习能力呢？还有自我认知、自我评判、自我反思、自我迭代的能力呢？ 这些才是作为"人"的核心素养，是老师自身成长和成全学生成长的关键所在。

　　2016 年始于美国硅谷、落地北京的一土创新教育创始人在接受采访时说："教育应该教什么？应该教最内心、最核心的东西，而不是教最表层的东西。"陈述性知识（知识、概念）和程序性（技能）都是技术、技能层面，可复制、可模仿，AI 即可完成。学生学了一堆知识与技能，但等他成年之后，却还是会问自己，我是谁，人生意义是什么。他们没有自己的核心素养，最底层的三观是空白的。而如何成为一个有安全感、内心充盈、抗击打力强的人，怎么与他人、与社会友好相处，怎么追求美好生活的同时也为别人的成就欢呼，这些才是教育应该赋予的。老师自己先要发自内心、问心无愧地活着，把自己变成学习者，然后才能传递、感染学生，学生也才会对自己的行为更负责，成为有社会价值的人。

老师要自知、自省，即对自己的认知要敏感，对自己的行为要自省。

何为"好老师"？学生最喜欢什么样的老师？最讨厌什么样的老师？

我做过了解，我请同学们把自己最喜欢和最讨厌的老师的特征写到黑板上，结果，同学争先恐后地涌上台，写了满满一黑板。其中，"最喜欢的"高频词有：宽容公正，身教重于言教，良师益友，润物无声，幽默风趣，Fashion，德才兼备等；"最讨厌的"的高频词有：贬低打压、傲气十足、教导无方、处事不公、三观不正、不求上进等。

不难发现，这些高频词中，涉及老师教学水平和能力的内容很少，几乎都是与老师的德行、品行相关，也就是说，学生更在意老师本身的"形象"和"育人"的态度与能力。

当我问及，你们在写的时候是不是脑海中浮现出相对应的老师的时候，大家不假思索地说"是"。可见，同学们内心是有判断和"选择"的。而对老师们的这种认知在他们的心中一直存在，他们时刻关注着老师的一言一行。那老师自己呢，对自我有认知吗？有判断吗？有自省吗？有要求吗？有提高吗？在意学生的"在意"吗？如果老师自己都不在意这些，言行举止跟学生对老师的期盼大相径庭，那么何来学生对老师的敬重之意、模仿之心，他们会心甘情愿地接受这样的老师的思想传递行为吗？好的教育到底是什么？是老师和学生都在成长、都在发光，然后互相照耀、互相成全。

所以，老师是老师，亦是学生；学生是学生，亦是老师。

老师是火把，能够点燃自己和学生内心的能量、激发内驱的动力。

人与人之间传递的正能量有时是非常强大的，那种爆发力可以激发出无限可能，甚至在动物界也是如此。

我曾看过一段感人的视频：一望无际的蒙古草原上，三个壮汉在策马奔腾。突然，他们被眼前的一幕震惊了，一匹老马深深地陷入烂泥深潭之中，动弹不得，套马杆也无法触底，这种情况，马一般是出不来的。眼看老马在慢慢下沉，露出无助的眼神。难道它的命运注定就这样了吗？三个壮汉围着泥潭转了数圈，突然一名壮汉喊道："快回家把马群赶过来。"不一会儿，一群奔腾的烈马来了，它们围着泥潭狂奔，势不可当。那匹老马目不转睛地盯着马群，眼神发生了变化，它开始挪动身子，试图抬起前肢。三位壮汉挥舞马鞭，大声吆喝，马群愈奔愈狂。老马拼尽全力，扑腾着，终于，它的前脚伴着四溅的泥水，奇迹般地踏上了草原，发出一声长长的嘶鸣，裹着一身泥，在阳光的映射下，变成光斑点点。

这就是生命的力量！是生命唤醒了生命！

其实，在人生的道路上，我们有时也会陷入生命的泥潭不得动弹。真正能帮助深陷泥潭的生命的，是唤醒、是引领，是激发内在潜能和对生命的渴望。而真正能从深渊中奔腾而出的，除了别人的引领与唤醒，更重要的是自己的觉知。学生是，老师亦是。

除了对个案的分析和自省，老师如何变被动为主动，整体性地提高整体素养？

作为学生科长，我从无知、无畏、刚毅，到后来的知性、尊重、柔性，期间经历的起起伏伏，让我学会尊重、自省，学会妥善解决学生的问题，不是只讲"正确的话"，而是正面地展示作为一个"真正的老师"应该展示的世界，是内心世界有所拥有之后的自然流露。

在对待学生的各种问题上，每个老师的做法都会不同，事实上，确实没有统一的做法，也没有固定的模板可供大家选择使用，但我们可以通过启发式、带动性的活动，给予学生正能量积蓄的平台，营造好的生态环境，让学生自然而然生长出他们五彩斑斓的未来。

角色的转变还让我意识到，面对个案，如一位同学、几位同学、一个班级，甚至一个年级，我们可以针对性地进行灵魂碰撞、

生命唤醒。但，作为学生科长，我面对的是近2000人的学生团
体，仅仅通过个案去传输我的思想、分享我的处事方式显然是杯
水车薪，我必须思考、研究、洞察学生，也洞察自我，尝试把被
动的招架变成主动出击，站在学生整体的角度，多维度地主动给
予、赋能，而不光是事件发生后的判定和纠正。

第三章 "阳光德育模式"的形成

多年担任学生科长的经验，驱使我在感性做事的基础上逐渐加入自己的省视和理性思考，意欲总结并形成适合我们学校德育工作的特色和品牌。

恰逢2010年教育部启动中等职业学校国家级示范学校的申报和建设，我们学校是第二批申报的学校。其中，关于德育特色如何定位的问题，我们总结以往工作，结合学校实际，思考从队伍建设、校本读本、轨迹平台、阳光行动、环境建设等五方面创建"阳光德育模式"。

中职学生太缺乏自信了，教师队伍太需要提高了，因此，"阳光德育模式"的关键词就是"自信"两个字。

核心的目标，就是打造阳光的育人生态。

老师要自省

——羞愧

老师，一个神圣的称谓。老师的一句话有时可以成就一个孩子，也可以毁了一个孩子。对学校而言，教师队伍的建设至关重要。

一位女生，因与异性行为过当而需处分，也因平时的各种表现被班级同学孤立。班主任请来家长在处分知晓通知上签字，在家长将要签名时，旁边一位男老师脱口而出："你女儿啊，跟谁都能谈恋爱，是得好好管管了。"

此话一出，语惊四座。在场的几位老师瞠目结舌，女孩爸爸更是义愤填膺、戟指怒目道："学校必须开除这位没有师德的老师！"

而另一边，在家长群里，居然有家长力挺这位男老师，坚决要求学校给予那位女孩处分，甚至还把自己的孩子拉到群里。女孩爸爸难堵悠悠众口，全无招架之力，年轻班主任无力抗争，把学生科老师拉进群也无济于事。整个微信群吵的吵、骂的骂、看的看，乱成一团。

我接手此事后，先了解了事情始末。之后我请家长坐下谈，当事人旁听。

"××爸爸，首先，我代表学校向您道歉！这位老师的言行严重违背师德，对您和您的孩子造成了伤害，我跟您一样非常气愤和遗憾！我向您道歉，是因为我没带好我的团队，是我没有加强平时的教育，所以，他的错就是我的错，我难辞其咎！"

我见女孩爸爸的眉毛挑了挑，似是没想到我会这么坦诚。

"其次，先不谈其他的，××同学的平时表现和最近发生的事，影响确实也不好，对吧。"我和颜悦色地看着女孩爸爸，他诚恳地点点头。

"根据她的情况理应受到处分。但是我想，处分是手段，不是目的，关键是我们要从中吸取教训，以后能改，对吧？否则将来孩子到社会上越走越偏怎么办？所以，是不是处分不重要，关键是要改，对吧。"我晓之以理。

"我女儿受处分我能接受，但前提是必须开除这位老师。"他依然难以平复心情。

"我非常能理解您的心情。我也有女儿，换作我是您，我也一定是跟您一样的态度。"

之后，我请当事人离开现场，跟女孩爸爸单独谈。

"爸爸，有件事我不知当讲不当讲。"

"你说，肖老师。"看得出，我已经取得了他的信任。

"不瞒您说，这位老师曾经多次提出辞职，但他是艺教老师，关键还是我们学校负责管乐队的唯一的老师，平时工作也很负责，他离开，我们的管乐队就得解散，太可惜了。所以我一直没同意他离职，他也很郁闷。这次的言行失当估计也跟这个有关。您看，我也有私心，对吧？当然，这不能成为他伤害您女儿的理由和借口，错了就是错了。所以，我也很为难，辞退他吧，正中他下怀；不辞退吧，确实太过分了。我请教您哦，我实在不知道该怎么办。"

他也露出犹豫的神情："这样啊，这倒真的有点为难。"他想了想，说："肖老师，我很感激你的坦诚，我信任你，一切都听你的。"

接下来就是那些"悠悠众口"了。

我专门召开了这个班的家长会。那天，所有家长都准时参会，我之前就想好了，我要狠狠地"骂"家长，一定要把他们"骂"醒，"我想问大家哦，这些孩子是不是你们亲生的啊！"大家有点吃惊、有点心虚地看着我。

"人家夫妻吵架还要背着孩子，你们倒好，生怕孩子不知道大人在骂街，还把孩子拉进群，目睹你们吵架，甚至不顾老师的劝阻。这样真的好吗？你们想传递什么给孩子啊？！我相信你们平时一定教育孩子要尊重别人，要友好相处，结果，你们呢？用自己行动打自己的脸。'言传'前先'身教'，你们是怎么给孩子做榜样的啊！"

在我的一番激烈言辞中，很多家长都频频点头，还有的羞愧地低下了头。

老师，一个神圣的称谓。有时候，老师的一句话是可以毁了一个孩子的。

俞敏洪在一次接受采访时回忆：他是从农村来的，读书时完全没有任何才艺，唯一会的就是游泳，第一次上游泳课时，他就扑通跳下去，一个来回以后，老师指着他大笑："哈哈，我从来没见过一个人狗爬爬这么快的。"他崩溃了，他说，当时老师的一句玩笑话，"你会把它看作在所有同学面前的一种侮辱，因为你没有那个自信"。

在我身边，有一位做了30年班主任的章老师，任何班级到她手里，一定是各种先进接踵而至，最奇怪的是，即使是问题频出的学生，必定也会在不久后变得懂事、向上，改头换面、反转人生。在她身上，有无数感人的案例，看似是轻而易举地"化腐朽为神奇"，实际上，是章老师善于制造机会让学生成功。曾经有一位女生，刚进校时就毫不避讳地在众人面前向班主任"炫耀"："我谁也不怕，初中的时候我还打过老师，处分还有两个没撤销呢，无所谓的。"同学们面面相觑、目瞪口呆，怎会有这样的学生，而章老师却微笑着说："你很真诚，也很直率，我喜欢你的性格。"结果没多久，这位同学就像换了一个人一样。

一位好的班主任居然有这么大的魔力。

教育是一棵树摇动另一棵树，一朵云推动另一朵云，一个灵魂唤醒另一个灵魂。教育是老师与学生心灵之间的对话，是用人格塑造人格，用情操陶冶情操，传递温度和热量，点燃学生的梦想和激情，拓宽学生生命的长度和宽度。教育是培养生命、完善生命、成就生命的事业；师德是教育的心灵契约，是"身于幽谷处，孕育兰花香"；教师的爱是滴滴甘露，即使枯萎了的心灵也能苏醒；教师的爱是融融的春风，即使冰冻了的感情也会消融。

这篇的题目是"羞愧"，这位胡言乱语的老师当然应该羞愧，同样，我没带好团队应该羞愧，家长没有教育好孩子应该羞愧，群里互相责骂的家长应该羞愧。这些"羞愧"归根结底就是老师和家长的问题。

随着学校教师的不断迭代，个体之间还是存在较大的差异，尤其表现在：对自己——自我认知度的停滞不前，理念更新不到位、学习的主动性不强等；对学生——老师们习惯性地俯视学生、对学生自以为是的掌控感依然存在，缺少对自我的省视，一些固有的思维模式得不到改善；对环境——营造生态环境的意识不强，经常把硬环境和软环境割裂开来。

在我们创设的"阳光德育"模式里，已然关注到队伍建设的重要性，尤其是校内德育教师队伍的建设，通过班主任工作室加强培训活动的开展，意欲形成一个互动共生的育人队伍。

言行要一致

——点外卖

走第一步前就应该想好可能会出现的走势，就像下棋一样，走一步看三步，否则会起到反作用，甚至会造成难以挽回的后果。

那天，我正跟一位学生科老师谈工作，她突然接到一个电话，因为开了免提，我得以听到全部对话。

"老师，我在校门口，我买了外卖，门卫不让我拿，怎么办啊？老师，你能不能帮我跟门卫师傅说说啊。"听得出对面的声音有点忐忑。

老师："最近不是不让买外卖吗？"

"老师，我今天拉肚子，是我妈帮我叫的，都已经快凉了，门卫就是不让拿。老师，老师！"电话那头越发急切了，一个劲儿地哀求着。

"那，那你把电话给门卫师傅吧。"老师妥协了。

"喂，师傅啊，我是学生科的×老师，这个同学拉肚子，这是他妈妈帮他买的，你让他拿进去吧。"在同学的一再感谢下，老师挂断了电话。

整个过程我都看着她，电话挂了我还在看着她，她有点不自在了说："啊，我是不是做错啦。"

我认真地说："他拉肚子？拉肚子就不能吃学校的饭菜了？学校的饭菜有问题吗？"

"这倒没有。"她回答道。

"那，他妈妈买的是晚餐还是药呀？哦，不是药啊，是晚餐，那他妈妈买的晚餐还能治腹泻？"我继续说，她不安起来。

"不是，他是学生会干部，就想偶尔帮他一下呀。"

"你觉得这是在帮他？"我觉得很奇怪，老师怎么会有这样的想法。

"我们分析一下哦，首先，在学校规定这段时间不能点外卖的情况下，他依然点了，说明在他心里觉得学生会干部是特殊人群，拥有不同于其他同学的特权。而你的举动在告诉他你也是这么认为的。其次，为什么拉肚子就不能吃学校的饭菜，而可以吃外面的呢？都是晚餐，难道功效不同？外面的可以止泻？而且他随便说说你就信了？明显不合逻辑嘛。再次，他拿进寝室吃的时候，其他同学看见了，问他哪儿来的，他怎么回？讲一遍真实的'对话'？那他们会怎么想，哦，原来老师在台上讲的都是针对'普通老百姓'的，那你的威信何在？如果他瞎扯一通，说自己偷偷拿进校的，那他作为学生会干部今后怎么面对同学们？最后，如果，我是说如果哦,他在同学们面前再嘚瑟一下,说,他就是能搞定老师呢?"她被我说得无地自容,陷入深深的自责。

　　在新冠肺炎疫情的特殊时期,学校只要有乡村振兴对口支援的学生,那就一定是采取全封闭的管理模式的。

　　有位兄弟学校的学生科长打电话给我,说要请教我个事儿:他们学校一位封闭在校园里的对口支援的学生,之前因为屡次违反校纪校规而受到学校行政处分,且已处于封顶的"留校察看",也就是说,他不能再犯错了,再犯就一定是除名。没想到的是,他居然被发现从寝室旁边的铁栅栏空隙里拿外面小店送过来的烟。那可是疫情最严重的时期,为了几十位学生,各个学校都是严防死守,从门卫师傅、食堂人员、保洁阿姨,到学校领导、老师,大家和学生一样,全封闭在校园里,往往加起来比学生人数还多。而且,当时所有人全部一人一间寝室,不得交错;所有工作人员每天戴 N95 口罩、橡胶手套,穿防护服工作,不放过任何可能的漏洞和细节,唯恐破防;所有外面送进来的物资也一定经过严格消毒,哪怕是蔬菜,也要静置 24 小时才能动。紧张和不安弥漫在各个校园,不,是整个环境。就是头顶上一只麻雀飞过,都会担心它是不是携带了病毒。可他,竟然偷偷买烟,偷偷传递,当时看来这简直是胆大包天的举动。被"抓"后,老师们非常气愤,抽烟错,买烟更错,疫情买烟错上加错,已经"封顶"还犯错,简直"罪无可恕"!万一就是这包烟,把病毒带进来怎么办!那么多师生，还有工作人员，大家那么艰难地防守，功亏一篑怎么办！那么多人被感染怎么办！所以，他们老师一致要求将他除名，否则众怒难平。我问："你们真的要把他除名吗？立时三刻请他离开学校？他要到哪里去啊？他能到哪里去啊，交通工具都停运了。啊？到酒店暂住啊，酒店都成集中隔离点了。这就意味着他离开学校只能流落街头了；就是流落街头，也会被警察发现，被遣送回来。所以，开除使不得呀。"

他问："那你有什么好主意吗？"

我说："除名肯定是不行的，疫情当头，保护学生还来不及呢，我觉得是不是找他好好谈一次，建议他承担这段时间的志愿者工作，让他为其他同学服务，将功补过，如果后面表现好就翻篇了，如果表现不好再除名也来得及。"

那位老师说："嗯，有道理！"

所以，很多时候我们处理有关学生的突发事件，一定要想清楚，什么时候应该严肃校纪，什么时候可以包容，什么时候需要缓一缓，什么时候要当机立断，都有一个研判的过程。要走第一步前就应该想好可能会出现的走势，就像下棋一样，走一步看三步，否则会起到反作用，甚至会造成难以挽回的后果。

老师的一举一动看似是个人行为，实则是一种导向，会传递很多信息。

对老师队伍的关注和培养刻不容缓。

老师的大爱

——派出所事件

一个岗位，就是一份责任，更是一个舞台，大爱是渗透到骨子里的精神和涵养！

A 和 B 是两位同班的女生，因互相看不惯，渐成对立之势。

一天放学，B 独自回家，走近地铁站时，突然一个声音从远处传来："是她，就是她！是她欺负我！"

B 闻声，不明所以地回头，还没看清什么情况，就被一个耳光打得脑袋"嗡"的一声，旋即就觉右边耳朵似有什么不妥，一摸，居然有淡淡的血丝现于掌心。她捂着耳朵，惊恐地看着对方："你谁啊，干吗打我，我不认识你，你到底是谁啊？我有得罪过你吗？"说话间，A 追了上来，微微抬着头，瞧着 B，有点得意扬扬的样子。

"我是谁不重要，你也没得罪我，但你得罪我朋友了，你得罪她就是得罪我！"打人者 C 开口道，C 也是女孩，看上去比她俩稍大。

C还欲动手，被一旁的大爷喝住："喂，你为什么打她?！光天化日，什么样子，你也是女孩子，干吗打人啊，有话不能好好说!"

B哭着回家告诉了父母，她的爸爸一怒之下，报了警。

警官打电话给我的时候，已经是晚上十点，说了大致情况后，说C如果得不到B及其家长的谅解的话，第二天就要被拘留。我不由分说，叫上A和B的班主任火速开车赶到派出所。

面对A和B及其家长，按照我的惯例，先让她们各自陈述事情经过；第二步就是分别讲自己的错处，两人倒也坦诚，对自己的问题直言不讳。第三步就是我表示"气愤"了，我说："你们可以啊，居然让我到这里跟你们见面啊！我已经十多年没来过派出所了，我们每天忙着各种活动的开展，你们居然有话不能好好说，竟然还在外面叫人动手！你们不想在学校好好读书，大可以离开!"我做出一副很气愤的样子，事实上，我确实生气。

接下去就是第四步了，晓之以理、动之以情。我说："你俩充其量就是退学，然后可以去其他学校重新开始，但C呢? 明天就要被拘留，你们知道拘留是什么后果吗? 她的档案里从此有了污点，成为有前科的人，而且警官告诉我，她是某高校的大一学生，一旦拘留，一定会被学校开除，还会影响她日后的各种事宜，这样的后果你们想过吗? 我怎么感觉是你俩联手在对付她啊！"

此时，A 和 B 显然被我的话吓到了，她们一定没想到，她们之间的小矛盾会搞出那么大动静，甚至一个冲动会给一个原本不相干的人造成如此严重的后果。我望了望两位爸爸，A 的爸爸自是不用说，B 的爸爸这时也面露愧疚。嗯，看来我的话起作用了。

说完，我站起来，说："我去看看 C。"

隔壁大房间里，C 和她的一大家子，爸爸妈妈、爷爷奶奶、叔叔阿姨，站了一溜。大家看我进去，马上围拢过来，C 的妈妈抢着说："谢谢哦，肖老师，刚才我在那边门口都听到了，你一直在为我女儿讲话，太感谢了，要不然，这后果……"说着，她就哭了起来。爷爷奶奶也一个劲儿地谢我，"不用谢我，C 啊，你怎么想的啊，做好被拘留的准备了？"

她低着头不说话。

"你知道拘留的后果吗？"我又讲了一遍后续会产生的一系列问题，同样，她也被我的话吓到了，抽泣起来。我加大力度，继续说："你以后的路怎么走啊，明天拘留，后天被开除，之后的种种都要为今天的举动买单，太可惜了。"

她终于痛哭流涕。我一看，火候到了，说："走，到隔壁去。"

我的手搭着她的后背，边走边问："过去要讲什么知道吗？"

　　她的妈妈抢着说："知道的，知道的，要赔礼道歉！"

　　到了隔壁，C真诚地道歉。B的爸爸终于开口："唉，你也只是个孩子，但也不能这么干呀，我女儿回来一说，我们非常生气，有什么事不能好好沟通，你还把她耳朵打出血了。唉，算了，你也知道错了，以后千万别冲动了哦。"C的一大家子不停地说着感谢的话，还主动拿出5000元作为补偿。

　　那天，处理完事情已经是后半夜了，我索性也不回家了，去学校寝室过夜。躺在床上，我回顾着刚才的整个过程，反思自己的一言一行，依旧觉得我是在用自己的"套路"套学生、套家长，但，不这么做，后果呢？真的眼看着C被拘留？就因为她不是我的学生我就视若无睹？既是老师，那所有的学生就都是学生，老师要有爱天下学生之大爱。

　　一名教师，应该有什么样的追求，应该有怎样的情怀？海南师范大学生物系教授郭力华就是最好的诠释。郭教授大学毕业，就给校党委写信："我要去青海，做一个开拓者。"她在青海，一干就是8年，她每天都经受着高原反应的袭击，头痛、流鼻血，直到被查出胆总管癌，且已扩散转移。但两次手术仍没击倒她，她身上插着管子还坚持上课，新生入学典礼，郭力华作为教师代表上台发言，她一手撑在主席台上，一手顶着腹部，刚讲完话，就倒在了台上。23年默默坚守，矢志不渝。她说，这辈子当老师没当够，如果有来生，还会选择这一行。她追求的就是教师的人生大爱!

在中共中央组织部、中央电视台真诚奉献的特别节目《榜样》里,在江西大山一个叫泥洋的山村里支教的支月英老师有这样一句话:"我不是因为有希望才选择坚守,而是因为只有坚守了,才可能有希望。"她为孩子们撑起求知、求真、求美的天空。一个岗位,就是一份责任,更是一个舞台!

中国,需要这样的大爱情怀!

何为大爱?曾经年少轻狂的杜甫,壮游十年,写下"会当凌绝顶,一览众山小";大唐盛世,灯火通明,达官显贵夜夜笙歌之时,他却写下"朱门酒肉臭,路有冻死骨";后来他离开长安,失去了所有的机会,还写下了"露从今夜白,月是故乡明"。杜甫就像镜子,一生不得志,险些丧命,儿子饿死,但仍心系天下、牵挂他人。这就是大爱,这种大爱是渗透到骨子里的精神和涵养!

正视自己的价值

——看风景的女孩

作为老师，只有你自己内心充盈，才能把这份从容和曼妙与学生分享，才能让学生正视自己的价值。

"肖科肖科，我们班那女孩，她又不见了，我们已经找了一个小时了，还是没找到，怎么办啊！"H老师满头大汗地冲进我的办公室，一口气说道。

"十六楼去看了吗？不在啊，那会去哪里？电话打过吗？啊，不接啊，车库呢？其他地方呢？我们再找找，你联系家长！"我都不用问名字就知道是谁。

这女孩已经很多次"玩失踪"了。第一次"失踪"被发现时，就是在十六楼，她一个人站在大玻璃前。H老师是她的班主任，她"噔噔噔"冲上去的时候，一看见那消瘦的身躯，就不由分说一把抱住了她。事后，H跟我说，那次她腿都软了。那女孩回过神来却一把把H推开，上下打量着她，低沉着声音说："干吗啊。"

"你、你在干吗啊？为什么上课上到一半就跑这儿来啦？"

"我？我没干吗呀，我在看风景呀。"她很淡定，不，是有些疑惑，回答得也很自然。

"你是有什么不舒服吗？可以跟老师说呀，而且是我在上课，你举手告诉我就行了呀，怎么也不跟我打个招呼就出教室了呢？"H还在喘气。

"我没不舒服。"女孩依然瞪着一双无辜的眼睛。

"那你有什么不开心吗？"H追问道。

"没有！没有不舒服！没有不开心！烦死了！"啊，怎么还是老师的错了啊。

事后，H跟家长联系，想知道原因，家长却支支吾吾。

之后，这种情况又发生了几次，那位女孩不是在十六楼看风景，就是在地下车库数车子，又或者在学生车棚被发现。我们跟家长面谈后终于得知，孩子之前喜欢一位同班同学，被拒绝后就这样了，家长带她去看过医生，确定心理出现了问题。我也反复跟家长表明，孩子的健康是第一位的，务必抓紧治疗，学习可以暂时放一放，等恢复了再来上课，家长嘴里应着，却依然"放任"她每天独自出门来上课。每次"失踪"，她都是在上课时间"擅自"离开教室，H老师怕出事，会叫上班里的一些同学分头找，每次都得被迫暂停上课。

有一次，H老师来找我，哭着说："肖老师，这样下去不行啊，她经常上课时间跑出去，万一出什么事怎么办啊！我已经叫她的同桌看着她了，可看不住啊，她跑得太快了。还有，还有其他同学，课上到一半，要么跟我去找人，要么改自修课，太耽误了。我快崩溃了，完全无心上课，特别是，我在其他班级上课的时候也提心吊胆，心思都不在教学上了，怎么办啊！"

我太心疼她了，伸手捏了捏她的肩膀，一声叹息，"你把家长叫来，我再和他们谈谈。"

第二天，孩子妈妈坐在我对面，无奈地说："肖老师，我也没办法呀，我们是单亲家庭，孩子跟我，可我要上班的呀，白天不可能陪她的呀。我现在再带她去看医生，但老师，能不能还是让她来上课啊，上次医生就配了药，但她不肯吃，这次我一定监督她，好吗，肖老师？一定吃药。"妈妈快哭出来了。

可现在，现在呢？孩子又"丢"了呀，我们集合了大队人马在学校里找，就差没把学校翻个底朝天，一直等到她妈妈再次打电话给我们，我们才知道她已经回家了。这日子过的……

这次约见家长，我说得更直接了，"妈妈哦，孩子目前的情况你也了解，是不是先把病看好再来上课呢？"

妈妈急切地说："肖老师，孩子已经在吃药了，现在好很多了，一切正常了，上课没问题的。"

"哦，那太好了，但她现在上课还是会'失踪'，这不是生病引起的，对吧？"我很认真地说。

"对呀，肯定不是，她没病了，她好啦。"她自信满满地说。

"哦，那她既然没有心理问题，那就是行为有问题了哦，她已经严重影响到老师和同学们上课了，这是要处分的啊。"

话音未落，她就跳起来，"这怎么是影响上课呢，她有病啊老师！"话一出口，她自己也笑起来，我也像跟朋友聊天一样一起笑起来。

至此，孩子妈妈终于痛下决心，带孩子好好治疗。果不其然，孩子住院了。

一年后，妈妈带着孩子来学校办理复学手续，还不忘拉着我的手说："真的太谢谢你了，肖老师，不是你敲醒我，我还在自欺欺人呢，现在想想真的太可笑、太不负责了。"

近些年，有心理问题的人越来越多，校园里也屡见不鲜，尤其是近一两年，几乎每个班都有，甚至有重度抑郁的。

这个学期开学才两周，就有一位外地户籍的学生突然情绪失控，了解后发现，这名学生早在两年前就确诊重度抑郁了。可为什么还要来上学呢？也是因为家里没人照顾，家长只能送孩子来学校。但，那我们就能照顾？我只能请老师带她先去看病，折腾了一天，我们被告知得马上住院，可住院必须家长签字才行，还要原版的，不能是复印件，这可怎么办啊！无奈，当天晚上，我们几位老师轮流值守，严防意外发生，并通知家长马上订机票过来接人。结果，直到第二天家长都没动静，一问才知道，他们压根儿就没打算过来。这次我真的生气了，打电话给孩子爸爸："孩子爸爸，你今天能出发来学校吗？最晚明天，行吗？目前孩子的情况是必须、马上住院，你们家属不来，孩子没法住院啊！孩子的病情耽误不起的，昨天我们守了一晚上，下半夜的时候甚至每半小时发作一次，太危险了。"

"老师，我要上班啊，来不了，你让她自己去医院吧。"啊，这心也忒大了吧。

"这怎么可能，绝对不行的，老师绝不可能让她一个人的，我们目前24小时盯着，一分钟都不敢懈怠。你今天必须来，或者让家里其他人来，今天再不来，我可就安排老师送她回来咯！"我不由分说，强行要求他来。

还好，第三天晚上，她的继母赶到，我们终于和她一起给孩子安排好了住院。至此，我们几位老师已经不眠不休地轮流熬了48小时，一场"提心吊胆"总算告一段落。

我见过独自走在校园里傻笑的，见过说着说着直接跪下的，见过拿根棒子戳同学头的，见过手臂上满是割痕的，甚至还有一次性吃下几十颗药、被送去洗胃的。心痛之余，我也深深地担忧，生怕哪天会出什么大事。班主任更是战战兢兢，就怕一个疏漏就出意外。久而久之，老师中也有人出现问题。

一次，接到一位年轻班主任的电话，说她被一个学生堵在教室里出不来了，让我去"救"她。我赶去一看，果然，教室里就他们两个，那学生守在教室门口，不让老师出来，一问缘由，是老师收了他最喜欢的游戏机。最后，在我的好言劝说下，这一场"闹剧"才结束。第二天，这位班主任又找到我，说做不下去了，一进教室就浑身不舒服，我看她的状态也确实令人担忧。安慰她后，我决定替换班主任，让她休息。可学期中途没有可顶替的班主任啊，那就我自己兼任吧，谁让我喜欢做班主任、喜欢学生呢，权当又给自己一个过把瘾的机会吧。

接班后，我做的第一件事就是重新调整班干部，因为得知之前的几位不能做到以身作则。我说："班干部要服众，必须严于律己。所以从今天开始，之前的班干部都暂时进入待定区，我要好好观察，每天宣布一位新的班干部，直至配齐。今天我先宣布第一位，就是某某某，大家同意的话就请鼓掌，好！全体通过！那我们今天就有一位班干部啦，明天我们再宣布一位哦。"

当天下午和晚上，我就紧锣密鼓地悄悄找学生谈话或者通过电话向学生打探，掌握班级和班干部情况。第二天，我宣布了第二位……一周后我们配齐了班干部队伍。

经过这番折腾，全班士气大振。

早上，我经常会很早进班级，坐在不起眼的、角落里的学生座位上。这一坐，几乎没有同学再迟到了，其实我什么也没说，只是坐着默默观察。有一次，一位男生迟到，他悄悄从后门闪进教室，第一眼没看到我，瞬间松了一口气："哈哈，今天肖老师不在啊，你们谁也不许告诉她我晚来了哦。"

只见同学们都掩着嘴笑，再环顾四周，突然发现我坐在平时不大会坐的中间座位上，把他吓了一大跳，尴尬地说："啊，啊，肖老师在啊，我，我，对不起老师，我今天睡过头了。"

我对他贼贼地眨眼，朝他笑。他更难为情了，"老师，你别这样呀，你骂我几句呀。"

"你都知道了，我干吗还要骂你啊。翻篇啦！"

我没骂他，但之后却再没人迟到了，甚至还互相卷起来，越到越早。好吧，我也得跟着卷了。在这之后，我们班在每周的全校班级考评中，一路猛追，从倒数第五名，到第十九、第八，最后到第一，中间有过一次反复，到第十名，再然后，就一直保持第一啦。

一年之后，原班主任恢复健康，班级管理交还给她。这是我继最后那次带班之后近三十年再带的班，对我来讲，太爽、太滋润，太久没那么近地跟学生在一起，就像回到了年轻的时候。我们相处的每一天、一起做的每件事，好像都在"玩"，"玩"得那么自在、那么融洽，"卸任"的时候，我和同学都有太多的不舍。

这几年，出现心理问题的学生越来越多，有的还很严重，在社会的关注下，很多相关医院和机构的衔接工作日益顺畅，但学生一旦出现这类情况，老师依然难以招架。

　　何以会如此陷自身于负面情绪的漩涡中不能自拔？我想，应该是源于内心未见充盈、缺乏获得幸福感、获得快乐的能力，以及尚未具备应对突发事件的能力吧。其表现为对自身价值的不正确认知、不肯定，不接纳自己，缺乏自信和底气，对自己执念的事的不妥协，对求而不得的事的无力感、失控感，一意孤行地自我否定和自认无用。学生是，类似的老师呢？亦是。

　　确有不少人，面对挫折一蹶不振，走不出内心的沼泽。那如何让自己的内心丰盈以致可以抵御自己的负面情绪呢？

　　殊不知，每个人都是独特的个体，都有自己独特的魅力。庄子认为：任何一种事物，或者一个人，你之所以认为无用，不过是自认为的无用，或者是你还不知道其可用之处罢了。庄子在《逍遥游》中写过一个关于大葫芦的故事：庄子的好朋友惠子说，魏王送给我一颗大葫芦的种子，我培植出了一个很大很大的葫芦，大概是普通葫芦的 2500 倍，说是世界上最大的葫芦也不为过。但，用它来盛满水，它不够坚固，无法负荷水的重量；把它剖开做成瓢，又太宽大，没有水缸容得下这瓢。所以，这个大葫芦对我而言，实则无用，故而打碎之。

　　面对这个大葫芦，惠子以为其无任何用处，所以打碎。那事实呢？它真的没有用处？有时，我们会下意识地把自己看成那个大葫芦，抑或是近似无用的东西。连自己都认为自己是无用的，就自然而然地自我放弃。或者认为自己作为葫芦，以后只能成为瓢，而不可能成为一个巨大的游泳圈，浮游于江海。那如果是一块土壤呢？认为上面可以种菜，也可以种粮食，但却没有深入挖掘下面可能埋藏的宝藏。我们往往以一种常规的思维束缚自己的心智，而这种思维习惯决定了我们可怜的局限，只有打破这种局限，我们才有可能看到事物的真正的价值。穷则变、变则通、通则达。一个人一旦懂得切换思维和视角，就没有什么东西可以困住他，就可以把无用转化成有用。

而庄子呢？他很敬仰容貌不佳或者身体有残缺的人，因为在他看来，这些形体上有残缺的人，心灵却是丰满的，灵魂是高贵的、自由的。他们能忘掉身体的存在，忘记物质世界的种种不堪，忘记那些引起他们快乐与不快乐的东西，真正做到与物俱化，万物其一。如同庄周梦蝶一样，不必在乎到底是蝴蝶还是庄周，只要能在暖阳下上下翻飞，感受自由的灵魂，就是生命的价值所在。一个人的身体永远无法获得不朽，而灵魂可以。每个人的灵魂都是独一无二的，都有自己的独特魅力。

"庖丁解牛"大家都熟悉。庖丁解牛，手之所触，肩之所倚，足之所履，膝之所踦，砉然响然，奏刀騞然，莫不中音。庖丁解牛，竟然可以游刃有余至此，刀刃所到之处，竟有如同音乐的旋律和节奏。

唯庖丁才得以如此解牛啊，对于庖丁，"解牛"就是他的"独特"、就是他的"魅力"。且，工匠如斯，就是为何职业教育在现代教育中有如此重要的地位和价值啊!

在 2020 年教育部制定的《中等职业学校思想政治课程标准》中，也明确提出：我们培养的学生，对自己要有正确的自我认知、良好的心理品质和心态；对他人要有正确处理与他人、与社会关系的能力；对环境要有适应集体、适应社会发展变化的能力。

人生很短暂，人生的精彩就在于对未来的未知。很多人这一生所有的驱动、追逐，就是为了被尊重、被认同、被认可、被喜欢、被关怀，而一旦遇到困难，不是逃避就是对抗，陷入其中，在各种各样的情绪中消耗自己。这个世界永远有阴影，这是因为你前面有阳光，当你的精力和注意力全部都耗费在描述这些阴影的时候，你就对生活无望了。请相信自己，相信"相信"的力量，允许自己成为自己。每个人都是天才，"人人可以为尧舜""各个心中有仲尼"，看到自身的潜能和力量，别让环境左右你的心境、别让情绪阻碍你的人生。当有人说董宇辉眼睛小时，他说，万物皆有裂痕，那是光照进来的地方；有人说他脸方时，他说，这是陕西贵族兵马俑的血统；有人说他长得丑时，他说你说得对，说明你有正确的审美。有人把教育做成了生意，他却把生意做成了教育；静观自我、发现自己、把握自己、关怀自己、目标清晰，穿越重重卡点和山脉，把握自己的幸福。心中有风景，眼里才有光。正如杨绛先生所说："人生最曼妙的风景，是内心的淡定与从容。"给自己一些时间，接受自己，爱自己，过去的都会过去，该来的都在路上。

真正的快乐和自信，不在于外界，而源于己心。在有限的生命状态中，要做自己喜欢和擅长，并且对别人、对社会有意义的事，追求体现独属于自己的价值。

如何才能让学生真正地自信起来，如何通过日常点滴让学生看到自身成长和进步呢？我们试图通过"阳光德育模式"帮助学生创出自己的"独特"。

以身示范

——军训

只有老师拥有丰沛的内心和无穷的力量，才能以身示范，才能真正打动学生、激发学生。

军训是每个中学生入学前的必修项目，其重要性和必要性毋庸置疑。然而，因为是在入学前，同学之间、师生之间的陌生感令学生既向往、又忐忑，既希望军训时能表现出色，在老师和同伴面前树立自己地位、得到大家的认可，又小心谨慎地与周围同学和老师尝试建立新的秩序和情谊，抑或边界，这是一种磨合，更是对新环境的试探。

军训第一天，学生科的一位女老师在午饭后看到餐厅门口角落里，至少有五六位我们学校的学生，其中一位男生嘴里叼着烟，一看到她走过去，立马扔掉烟，低着头说："老师，我错了，您别告诉我们班主任好吗？对不起，老师！"

女老师对他一顿批评后说："你现在认识到错啦，那下不为例哦。"

得知此事后，当天晚上，我就召集全体老师，就此事进行复盘。

每年的军训队伍中不乏年轻的新班主任，尽管他们很努力，但全天候的军训，时刻都会出现各种情况，这就需要班主任的判断和处理，有些老师往往会手足无措，来不及思考以至于被动应对，不得当的应付积累起来，班级就无法在第一时间得到正面引导，甚至直接导致失控。这时，复盘就显得很有必要。

晚上，等学生入睡后，我召集大家，先让老师们说说，如果是你，你会怎么做。大家各抒己见，有的说就应该马上处分；有的说先缓一缓，看他后面表现；也有的说他已经知道错了，还是以教育为主。最后我说："我个人认为哦，今天才军训的第一天，而且那么多同学在场，一句'下不为例'，真的会下不为例吗？那其他同学也这样，也会有一次'下不为例'的机会吗？这样做会给其他同学什么导向呢？他们会认为在这个学校犯错误没关系，只要低头认错就可以翻篇。是，老师是要包容学生，但，底层规矩是对每位同学的，是军训顺利开展的保证，这是底线，犯错误是要付出代价的，要有犯错成本，这样才公平、公正。"

复盘，并非是我要把我的想法和做法强加给老师们，而是想引起他们的思考，通过讨论统一思想。

第二天，我们就宣布了对这位同学的处分决定。事前，我已经让那位女老师再次找这位同学谈心，纠正自己"下不为例"的承诺，并鼓励他尽早撤销处分。

军训中，班主任的作为和引导无疑是班级学生的风向标、领路人。

那老师呢？有参加多次军训的熟练工，也有新手第一次上路的，他们也需要在新的整体中破冰、塑造自己的形象，而我是整个队伍的引领者，我又该怎么做呢？

在我26年担任学生科长的生涯中，每年一次的军训，我带队24次。从最初的忐忑，力求不出事，到后来的总结经验教训，形成自己的一些相对固定的做法，或者说是别人所称的"套路"，我主要会做几件事：

政训：军训前的政训，给学生提出具体目标和要求，强调重要性、安全性，包括很多细节上的要求，比如怎么睡觉、怎么吃饭、什么可以带、什么不能带等等，事无巨细，指令明确。对老师们，我要求他们必须第一时间掌握每个学生的身体状况和各自特点，必须高度重视安全，必须做到学生在老师在，必须做好每天晚上的班级总结和反思……这些"必须"不是不人性，而是整个军训的安全、有序、班级建设、学生干部首次任命等工作的保障和基础。

关注：强调关注，就是要"看"老师、"看"学生。这里的"看"不是光用眼睛，而是用自己的敏感性去感受，是整体的感觉，并及时做出微调和反应。"看"老师，因为每年的军训团队都是新的组合，有各班班主任，还有随队医生和司机，我得迅速了解他们每一个人。事实上，我会跟几乎每一位老师"闲聊"，了解他们的脾性。"看"军训的同学们，"看"他们整队、操练、吃饭、休息、日记等等各方面，对学生做出自己的初步判断，比如，这一届学生整体情况怎么样、哪些同学有当学生干部的潜质、哪几位可能有心理疾病倾向、哪些可能会惹出点什么事等。我特别关注的是日记，我们要求学生每天睡前写，要写当天最真实的想法和感受，第二天一早交给班主任，我会各班随机抽取，或由班主任推荐给我阅读，去感受学生的感受。

有一次，一位女生因为长得胖，很不自信，努力讨好周围同学，但还是明显感受到被孤立，甚至被嘲笑，极度郁闷，提着行李箱准备偷偷回家，幸好老师已有提防，及时发现，经过干预，才避免了事态恶化。

团队建设：我每天会召集全体老师会议，总结当天情况以及需要反思的内容，还经常会在晚上同学们入睡后，集中所有老师"折腾"点事情。比如，我会在军训中途大家最辛苦的时候，自费买些点心、水果之类的犒劳大家，倒并不是要"作秀"，而是为快速建立团队，营造氛围。

正能量：军训共计六天，每次差不多到第三天的时候，我会在晚上全体政训时，讲一讲同学们的进步、不容易，继而讲老师们的付出，特别是列举老师们为了军训，孩子小却无法照顾、家里老人生病住院无法陪伴、其他工作只能利用睡觉时间完成等等情况，讲得情真意切、催人泪下，每次都能在同学们的热烈掌声中感受到他们的感动和感恩。有时，正好遇到有老师过生日，我会大张旗鼓地当着全体师生的面给他（她）做生日，鲜花、蛋糕、祝福、拥抱、生日歌，样样齐全，我不仅要感动这位老师，更觉得这是增强凝聚力的好契机。果然，在第二天的日记中，很多同学都说我们学校是个有温度的集体。

特色：军训最后都会以阅兵式展示成果，在我们学校，最后出场的队伍一定会赢得雷鸣般的掌声，因为这是由我们全体老师一个不落地组成的方队。我们会利用两到三个晚上，等学生睡了以后偷偷地练，立正、稍息、正步走。好几次，其他学校的老师经过，都会停下脚步，用惊奇的眼光看我们，还有小声议论的："他们在干吗？啊，他们老师也军训的啊！好神奇哦！"

每次，当我们整齐划一地穿着迷彩服，表情严肃、神气活现地闪亮出场时，同学们都会张大嘴、瞪大眼、拼命鼓掌，他们万万没想到，老师们居然跟他们一样着装、一样队列、一样喊口号，而且还不知道老师们是什么时候训练的。尽管我们的年龄参差不齐、动作不够标准，甚至有的动作还很滑稽，但气势绝不输给同学们，口号比他们喊得还响。教官们赞不绝口、其他学校的老师啧啧称奇，我们则个个抬头挺胸，别提有多自豪。

我想，这就是集体氛围的营造吧。很多时候，我们一些老师只停留在口头上，叫同学认真操练、互相关爱、懂得感恩，但自己的行为却背道而驰，学生怎会信你、怎会服你？

只有拥有丰沛的内心和无穷的力量，才能以身示范，才能真正打动学生、激发学生。

在军训中，我从不让事情悄无声息地翻篇，及时复盘，抓住契机举一反三。教育是有时机和节奏的，有些需要冷藏几天，有些必须第一时间处理，有些应该处分，有些可以巧妙化解。这需要老师的"体知"和敏感。更重要的是，要让班主任们学会自省和复盘。

每年的军训仅仅六天，但我们却不难发现，各班学生进入我们学校的分数相差并不大，可军训后班与班之间却会拉开差距。有的班积极、自信、生机勃勃；有的严谨、内敛、文质彬彬；也有的状况百出，老师应接不暇。怎会这样？是学生的问题？不是，是老师，是班主任带班风格迥异的缘故。但仅仅是风格不同吗？一些老师看不到那些散点、碎片，不知道哪件事情要高高举起、哪件要轻轻放下，也不知道怎么高高举起、怎么轻轻放下，白白错失了很多教育良机。但这仅仅是因为老师的能力不够吗？不，是老师们能否做到自身沉浸、内心充盈、关注敏感、以身作则，以及是否采用了合适的引导与有习惯性地自省之间的差异，而这些环节，事实上并不是单行道，也不是一般的循环往复，而是交错的、融合的、时刻存在的、螺旋的攀升，其中的"轴"，就是"沉浸并自省"。

我们的老师每年军训都晒得乌黑，每年军训都累到脱力，但，这又怎样，我们累并快乐着，因为，每次军训回来，我都收获了无数的感动和欣喜；每次军训，各班的PPT汇报都充满了活力和对新的学习环境的期待和憧憬。

记得有一年，领导在阅兵式前一天就赶到军训基地，我们还是如往常一样，关注着学生的训练、晚餐、睡前查房。终于，一天的安排都妥妥结束，可不知怎的，老师们还精神抖擞，不肯回房间睡觉，说要找我聊天。聊天？今天没什么特殊的呀，不需要复盘呀？好吧，聊就聊吧，虽然感觉他们好像也没什么主题好聊的，但大家就是不去睡觉，太奇怪了。正纳闷着，一位老师找到我，说领导叫我去他房间，嗯？什么情况，已经半夜12点了，他一个男同志，叫我去他房间？几个老师看我犹豫，硬拽着我一起去，到了门口，门一开，哇，一房间的人哦，怎么回事？突然，音乐响起，生日歌！啊！谁生日啊，我左顾右盼，却见大家齐刷刷地看向我，排好队，逐个走向我，每人送了我一枝玫瑰花，还一个个地拥抱我。天啊，今天是我的生日呀，我忘得一干二净，怪不得他们找了那么多蹩脚的理由要我12点去，原来是他们"处心积虑"的啊！我的眼泪唰地就下来了，最后一个送花的是我们领导，就是那位男领导，大家起哄，抱一个抱一个，太不好意思了。领导大概也不好意思吧，说，人太少了，没劲，不抱啦。大家一直疯到吃完蛋糕才依依不舍地回寝室睡觉。第二天是阅兵式，也是军训的最后一天，刚巧也是中秋节、教师节，领导在阅兵后做讲话，他正儿八经地讲完，却还拿着话筒，我想，怎么，还不想下来？还想讲什么啊。

只见他又提高了嗓门："同学们、老师们、教官们！今天是个好日子，今天是我们军训最后一天，我们收获满满。今天还是教师节、中秋节，我在这里祝大家节日快乐！祝老师们节日快乐！今天，还有个重要的节日，今天是我们肖老师的生日！"哇，在这儿等着我呢，全体师生、教官、基地工作人员，足足六百多号人集体为我唱生日歌。最后，领导走到我面前，张开双臂给了我一个大大的、有力的、久久的拥抱！怪不得昨晚他说人太少，不抱了。我又流泪了，是幸福的眼泪，这个生日我此生难忘！

事实上，这样的温馨举动我也为我们的一位班主任做过。那是在疫情最严重的时候，为了守护留在学校的乡村振兴对口支援的学生们，我们也都吃住在学校，寸步不离。为了瞒着他们的班主任，我们煞费苦心，半夜偷偷起来做干花，没有材料，就用餐巾纸，再用红色的颜料浸染，还偷偷排练节目。第二天，我还要负责拖住她，一直到预定的时间，我把她从寝室带出来，刚走到操场外围，就响起了生日歌，她瞬间泪流满面，说："我还以为你忘了今天是我生日嘞，原来你记得，还搞得那么隆重！"那天，不仅有学生们的表演，有生日蛋糕，还有校长以及她爱人的视频连线，我还为她吹了一首萨克斯曲子，《感恩的心》。

你看，我们就是这样一个团队，既严格、又温馨。每个人都在感动，每个人又都在感动着周围的人。同学们看在眼里，一定也感受到了吧。

我们就是要通过各种机会、平台、活动，让学生有所得、有所获。

老师就是要"不教"

——管乐队团建

要当一个好教师，就是要"不教"。很多时候，"教"比"不教"更直接，老师可能更省心，只要滔滔不绝即可。而"不教"呢？其实也是在"教"，用自己的身体、行动在"教"，只是比"教"更含蓄、更内敛，就是给学生阳光、湿地、雨露，让他们自己感悟、成长。所以，"不教"不是真的不教，而是让学生窥视自己的内心"自教"，即学生的自我教育。我想，这应该是做教师的最高境界吧。

很少有学校成立管乐队，因为资金投入太大，不仅要购买昂贵的乐器，还要保养、维修。而学生绝大多数是零基础，熟悉乐器、掌握基本吹奏需要很长时间，等到可以上台展示，也离毕业不远了，周期太短。学乐器是要天天练的，要确保足够的时间，而学生白天上课，晚上还要做作业，往往没有太多时间练习。不仅如此，管乐队有近60人，来自各个班级，要凑在一起集中训练，时间也非常有限。

尽管如此，我们还是克服种种困难，每天早中晚三次练习，坚持了近十年。尤其是乡村振兴对口支援的学生，之前他们在老家，温饱都成问题，更别说认识乐器、掌握吹奏了。每次展演，我们都会视频连线家长，爸爸妈妈、爷爷奶奶凑在小小的手机屏幕前，惊喜地看着，笑着、哭着："谢谢老师、谢谢政府，我们孩子现在居然会吹琴了，真是没想到，我们本来想着孩子能吃饱肚子、学点文化就行了，现在居然能上台吹琴了。"

对于这些大山里的孩子，我们都特别疼爱。每年来校的新生我们都会接送，领导还带领老师多次去当地家访。孩子们也非常珍惜国家扶贫政策带来的到大都市学习的机会，每次展演，他们都会不遗余力地用力、用心吹奏。

这样的大家庭应该很温暖吧，因为他们有相同的爱好呀。可我偶然发现，他们居然互相叫不出名字，甚至完全不认识，哪怕是演奏同一种乐器的同学。这就奇怪了，他们练习的时候不交流、不切磋吗？演出的时候也不配合吗？而且，这不是个别现象，而几乎是全部，那这个团队的战斗力一定大打折扣的呀。

我决定，去青少年活动基地，组织一次为期两天的团建活动。

那天一大早，为了破冰，我打乱了乐器吹奏种类，随机分成五组。这下好了，大家更不认识了。在一阵紧张地忙碌后，各组同学在组长的带领下，展示自己的集体造型、制作的队旗、一段自编的舞蹈，并高喊出自己的队名和口号。

上午的正式活动在基地附近的古镇开始，各组要完成四个任务：每位同学要叫得出自己组员的名字，我们会抽查；拍一张全部脚离地的集体照，看看哪组更有活力；吹奏乐曲、围观超过10人的视频；拍摄简约但有氛围的午餐照片。同学们一下子活跃起来，忙着各种任务。到中午，大家圆满完成了全部任务，组内同学都认识啦。

经过下午的休整，晚上的内容是做游戏：各组派一位身强力壮的男生上台，其余同学依次穿过呼啦圈，看哪组的速度快，"惩罚"最慢一组的"身强力壮"者做十个俯卧撑，且数量每轮翻倍。第一轮，练习、比赛、十个俯卧撑；第二轮，再练习，再比赛，二十个俯卧撑。我从没见过同学们那么专注地做一件事。巧的是，第一、第二轮输的是同一组，也就是说，台上那位同学已经累积做了三十个俯卧撑了，第三轮再输就要再做四十个；而且，这位同学看上去就不是"身强力壮"的类型啊，前面三十个好像已经到他的极限了。那组的同学们更加铆足了劲，商量方法，拼命练习，唯恐再输，而其他组也怕"四十个"降临到自己一组，也在拼搏。大家完全沉浸在对方法的争论和掐着时间一遍一遍的练习中。我和其他老师们也分头在各组跟他们"感同身受"。结果，第三轮最慢的还是这组，真要命！台上的同学满脸无奈、委屈、欲哭无泪，一副马上要上刑场的神情。有同学开始向主持人嚷嚷："老师，能不能不做了啊，他做不动啦！"

只见主持人轻描淡写地说："你们就那么轻而易举地放弃了？"

这句话似乎刺激了同学们，大家摩拳擦掌，又开始拼了：这个方法不好，我们这样、这样；嘘！轻一点，别让他们学去了；好，我们再来一遍，这次我们每个人都要接得紧一点哦，不不，也不能乱，要有节奏哦，否则反而会慢，这次我们一定不能输哦；好、好，就这样，快点练呀，来不及了……

第三轮终于开始了，一声令下，每组同学都紧绷着神经，脸上的每一块肌肉都是僵硬的，不，是全身肌肉，大气也不敢出，目不斜视地一个接着一个过"圈"。结束了，怎么还是、还是这组啊！"哇——"有同学当场泪奔，不一会儿，好些同学都跟着哭了，那种无助，那种绝望，布满了那组同学的脸。台上的那位眼里噙着泪水，支撑着毫无勇气的身体，求助的目光令人心疼。其他组的同学也难过地看着他们，还有好几位上前安慰、拥抱的。

"老师，太残忍了，他吃不消的呀。"

"老师老师，我们放弃吧，这样玩下去不行的呀。"

其他同学也大声附和着："老师，别再做了吧，我们也不想赢了，不要再玩了吧。"

"可我们也不能输啊，再输就是八十个了，老师，游戏结束了吧，别做了！"

"呜呜呜，老师，到此为止吧！"

台上的主持人瞬间成为众矢之的，只见他从容地开口："你们就那么容易被击败？几个俯卧撑就过不去了？我真的没想到，你们这么不堪一击，连这点勇气都没有，哪像我认识的 M 校的学生啊！"

台上的"身强力壮"，不，是"落寞无助"，默默地俯下身，双手支撑，放平身体，一个、两个、三个、四个……他艰难、但坚韧地做着俯卧撑。全场齐声数着数，大家无不全神贯注地看着他，屏住气、捏着拳，好像这样就能给他力量。

突然，一位女生趴下了，跟着台上的同步做起俯卧撑来。十一、十二、十三……又有同学趴下了，更多了，全组都趴下了，其他组也趴下了，全部同学都趴下了，十九、二十、二十一……他，和他们，挣扎着、顽强着。

那个场面，我此生都忘不了，太震撼了！我的眼泪狂奔而下。

我站起来，快步跑上台，双膝跪在"疲惫不堪"的身旁，用力抓紧，不，不是用手，是我的臂，不，是整个身心，跟随他的肩膀一起上下撑起来。又上来一位老师，接过他的一半身体。台上，三个人在战斗，台下，一群人在拼命。泪水布满了每个人的脸庞，模糊着、坚毅着，三十六、三十七、三十八……朝着四十个挺进！

完成了！终于！我们完成了！

我们没有被击败！没有不堪一击！我们胜利了！我们对得起 M 校的牌子！

大家长长地、长长地舒了一口气。

片刻后，主持人询问我："肖老师，还做吗？"

我凝重地摇摇头。

主持人说："肖老师要讲两句吗？"

我缓了缓情绪，环顾全场，严肃地说："同学们，我们胜利了吗？我们赢了吗？"同学们惊愕地、诧异地抬起头。

我继续说："是！我们完成了四十个的任务！我们坚毅、我们不言败、我们团结、我们战无不胜！我深深地为台上那位同学的勇气和担当骄傲，为我们每一位同学的齐心协力点赞，我更敬佩第一个趴下一起做俯卧撑的女生，是你给了大家无穷的力量！但，"我停顿了一下，"但是！我们真的赢了吗？我们真的都赢了吗？"我刻意在"都"字上用力。

同学们沉浸地听着、思索着。

我这才转入重点，"我们没有都赢啊！是有输的啊，是输了以后的惩罚啊！惩罚什么？惩罚我们的格局！惩罚我们的大局意识！四个组赢了，一个组输了，这是真正的赢吗？不是啊，同学们！我们为什么不是大家都赢、一起赢啊！现在想想，我们能不能一起赢，怎么才能一起赢！"

同学们抬头互相用眼神询问着、思考着、碰撞着。突然，一位男生高叫："可以的，我们可以一起赢的，其实我们可以一起的，是可以都不输的！"

有同学吃惊地瞪大了眼，还没明白其中的奥妙。那男生激动地比画着："我们每组只要同时完成过圈就行了，哎呀，还不明白？就是各组的最后一个同学同时过圈呀，快的组等等慢的组，这样不就是同时了吗？"大家恍然大悟，原来如此！

"那你说说，为什么大家都没想到这么做呢？"我启发他。

"那是因为，那是因为大家迫切想赢呗，都怕被惩罚啊。"他不好意思了。

"是啊，大家都想赢，是想自己的小组赢，而不是整个团队赢啊！这就是我们的格局？我们的大局呢？完全不顾了？"我的表情缓和了很多，"同学们，今天上午我们破冰，让大家认识到我们是小组的一分子，每个人要为小组出力，那现在呢？我们又明白了什么呢？"我继续启发大家。

大家七嘴八舌地讨论起来。

"我们懂了，我们是一个团队的！"

"明白了，我们都是管乐队的一分子，这才是集体。"

"那我们学校也是，是大集体，我们都要维系啊。"

"还有，还有，我们的城市，我们的国家，也是！"

"对对，还有我们的地球、我们的人类、人类命运共同体！"

我看大家终于头脑都上线了，长长舒了一口气。

第二天上午，在一张很长很长的桌子上，放着一幅很长的、仅勾勒出轮廓的画，上面有各种乐器，有欢快的学生们，有草地，有鲜花……我们的任务是，所有同学共同完成这幅画卷的填色，限时两小时。

大家又沸腾起来，找位置的、看画的、找颜料的，一个个都忙碌起来。

突然，一个身影一闪，直接跳上了长桌的一端，就是昨天晚上"揭谜底"的男生。他面向全体同学，大声地说："同学们，安静一下，大家安静！这样哦，时间只有两小时，我们分工一下哦，下面大家听我指令：第一组，负责配色、调色；第二组负责涂色，注意不要涂出轮廓线条；第三组负责勾勒，一定要仔细，线条粗细要均匀；第四组负责卫生，要时刻保持环境整洁；第五组负责协调。还有，每半个小时报一次时间。好了，大家分头行动，加油！"他的眼神、语气、动作，居然带着鼓动的意味，那种泰然自若、气定神闲，宛如指挥千军万马的将军，威风凛凛、霸气十足。他不是组长，平时也不是学生干部，大家居然顺从地听从他的指令，令人侧目。

如此完美的安排、如此清楚的指令！很快，同学们各就各位、各司其职，才一个半小时就顺利完成了全部工作，一幅色彩斑斓的画卷展现在大家面前，而且，地上没有任何

"残渣"和颜料，可孩子们的手上、脸上、衣服上到处斑斑驳驳、五颜六色，好像他们本身才是一幅真正的画。

管乐队团建活动终于结束了，当全体师生手举那幅长卷拍集体照的时候，每张脸都洋溢着灿烂、自信、满足、成长。

我思索着，老师要告诉学生什么？是不告诉他们什么是集体，什么是集体荣誉感；是不告诉他们什么叫坚韧，什么叫担当；是不告诉他们怎么感同身受，怎么互相成全、成就。没错，事实上，我们什么都没告诉。

在一次很偶然的情况下，学生们发现我居然会吹萨克斯，而且还获得过全国的奖项。这下，他们不依不饶，一定要看我演奏的视频，看我全副"武装"的照片，边看边喋喋不休："肖科，你小时候学过的啊，好听好听。""好赞唉，肖科好威风！"

我索性彻底"坦白"："我是 50 岁以后才开始学的，以前就喜欢，就想学，又怕起步太晚了。后来想想，50 岁怎么啦，我就不信我学不会，只要有想做的事，什么时候起步都不晚，对吗？天气好想吹、下雨很浪漫也想吹、心情好想吹、心情糟糕更想吹。"说着，我哈哈大笑起来，他们也跟着笑。

滔滔不绝之间，我看同学们露出羡慕的眼神，是不是激起了他们想学什么的念头呀。

"肖科，你还有什么爱好啊？"他们似乎对我的所有都感兴趣。

"我啊，我还喜欢看书呀。我像你们这么大的时候就看了琼瑶的所有书，还有金庸的、古龙的、卫斯理的，等等，每个当时流行的书都一本不落地看。后来喜欢看名著，我特别喜欢《活着》《人世间》《平凡的世界》《哈姆雷特》《穆斯林的葬礼》《简·爱》，等等。再后来看人物传记、历史的、社会学的、心理学的，反正当下流行什么我就看什么，蛮杂的。"

他们听着，眼里闪着光，一脸神往，"看那么多啊！"

"对呀，还有好多哦。我特别喜欢我家靠阳台的那张单人沙发，懒懒地窝在里面看书，再播放起萨克斯的背景音乐，点支香或者香薰，沏一壶茶，那叫一个享受啊，这一躺啊半天都不想起来。"

我眯着眼看向天空说这些的时候，那种陶醉的、惬意的神情一定是感染到他们了，他们的眼神也飘忽起来，似乎在脑补我看书的画面：一人一座、一茶一香、一乐一书。此时的他们是不是也想这样看一本书呢？

我什么也没说，没有规劝他们要爱上阅读，只是描述了我看书时陶醉的模样。

"东方甄选"的董宇辉老师在讲到《额尔古纳河右岸》这本书时说："驯鹿逐苔藓而栖，人们在森林中相遇，也在森林中分离，人们在自然中获得，也在自然中失去，我们就如自然的精灵一样，你看到水鸟从湖面上飞起，在山边看遍山红叶架起来篝火，月光下萨满起舞，人们饮酒纵歌直至天亮。"好浪漫，我眼前似乎也看到了他说的那种遥远的、神秘的、充满野性的美，似是故乡的亲人在呼唤，我也想经历这样一次绝美的精神旅程。我当下拿起手机买了《额尔古纳河右岸》这本书。

要当一个好教师，就是要"不教"。很多时候，"教"比"不教"更直接，老师可能更省心，只要滔滔不绝即可。而"不教"呢？其实是在"教"，用自己的身体、行动在"教"，只是比"教"更含蓄、更内敛，就是给学生阳光、湿地、雨露，让他们自己感悟、成长。所以，"不教"不是真的不教，而是让学生窥视自己的内心"自教"，即学生的自我教育。我想，这应该是做教师的最高境界吧。

庄子在《人间世》里说了这样一个故事：孔子的弟子颜回要去卫国，请教孔子如何才能用自己的所学去劝诫卫国暴君。孔子回答，在得到别人理解、信任之前怎么能直言不讳地用道德去感化他呢？颜回说，我能做到"端而虚，勉而一"，就是如果我能做到庄重又谦虚、勤勉又专一呢？孔子说，你在暴君面前畅谈仁义规范，用他的缺点来彰显你的优点吗？颜回又说，那我"内直而外曲，成而上比"呢？我内心真诚而外表恭敬，向卫君进言时，全都引用古代圣贤的话总可以吧！孔子说，"法而不谍"，你用的办法太多，这些办法正确但不适当，未必有用啊。

在这里，孔子讲的"无为"，不是指外在的不作为，而是讲内在心境的"看见"。用心去"看见"学生、用心去让学生"看见"，而不是在学生面前彰显我们高高在上的道德感和傲慢心，这种"无为"、这种"看见"，才是生命本体的智慧啊！师生之间不就应该是这样的吗？

形成"阳光德育模式"

从之前的那么多的"故事"里，我们不难看出，中职学校普遍存在学生缺乏自信，教师对自身的认知不足、自省不够、理念缺乏等问题，因此，在多年前，我们就创建了"活动导入"德育模式，就是希望通过各种活动，增强学生自信。之后，这种模式升级为"心灵导航＋职业素养养成"的德育模式。

2010 年，正值教育部启动中等职业学校国家级示范学校的申报和建设，我们总结以往工作，结合学校实际，在队伍建设、校本读本、轨迹平台、阳光行动、环境建设等五方面形成了具有自己育人特色的"阳光德育模式"。我们提出在"阳光导航＋生涯发展"的基础上明晰目标、思路、内容与保障，以"阳光职业人"为核心目标，以"心灵导航、职业领航、发展护航"为主线，加强德育队伍建设，撰写阳光德育系列读本，搭建学生成长轨迹平台，开展阳光系列活动，以及提升校园环境的育人功能；针对当代中职学生的群体特点与个性需求，遵循"以人为本，科学育人"的理念，发挥学校德育的功能，通过探索实践，开创德专融合的育人路径，做到服务育人个性化、教书育人体系化、管理育人规范化，实现全员、全程、全方位育人。

　　"阳光德育模式"的关键词就是"自信"两个字。核心的目标，就是打造阳光的育人生态。

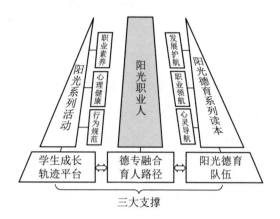

第四章 将"阳光德育模式"升级为"阳光育人系统"

　　之前的几年，我们团队确实进行了队伍建设、学生成长轨迹平台建设、阳光行动和环境建设等方面的探索和尝试，构建了独特的"阳光德育"模式，取得了一些效果。但在深入学习、理念探究后，我产生了新的认知、新的思考，意欲打破固有思维，从现有的框架中寻求新的突破，与时代接轨、与传统碰撞、与学生共生。

对"阳光德育模式"的重新省视

"阳光德育模式"在我们学校已经开展了很多年,已然成为我们的德育品牌,得到了同行的接受和肯定,还获得市级教育教学成果一等奖。我作为最先提出这一理念、思路的"阳光德育模式"负责人,带领团队制订建设方案,落实实施,其间耗费太多的心力,和团队一起"孕"它生、"育"它长,可以说,它是我从教以来最大的成果和荣耀。但,随着对自己38年混沌岁月的回望,重新对"阳光德育模式"进行省视,我猛然发现其中尚有斟酌余地,以及一些不合适、不"生态"的地方。

都说自省是涤荡心灵的清泉,"学须反己。若徒责人,只见得人不是,不见自己非。若能反己,方见自己有许多未尽处,奚暇责人?"但自省又是一个自我解剖的痛苦过程,需要巨大的勇气。懂得自省,是大智;敢于自省,则是大勇。

对于"阳光德育模式",我认为需要修缮的是:

"阳光德育"不应该只是一个模式,更应该成为一个系统

"模式"是一种范型的、框架的范本、模本、变本,是方法论,是会在某一环境中不断出现并可以无数次重复解决问题的核

心方案和建设模板。

而教育不是简单的复制，"育人"的过程也没有一个"标准流程"，它并不像工业领域或商业世界里的模式，只要把社会的某一个需求"机器"化、流程化，通过算法或者运用程序就可以得到复制，比如工人、快递小哥，都是服务于这个"机器"的，这样的"机器"是不难被复制的。然而"育人"不同，它的对象是人，意欲培养具有远方有灯、脚下有路、眼中有光的、具有强大心理内核和情绪稳定的人，它就不是一蹴而就的，它的成果显现往往也不在当下，而是需要一段时间，甚至需要学生很长时间的沉淀和领悟。所以，对于教育的整体性而言，它是不可复制的。

那么，对老师个体呢？很多时候我们只是不自觉、不经意、无意识地做事，是在老师个体长期来的"体知""体感"基础上的下意识运用，它也无法被那么容易地复制。

有一次，一位学生科老师需要处理一件学生突发事件，我层层剥茧地告诉她我一般处理此类事件的"三步骤"，让她按部就班地做。结果，晚上她很沮丧地打电话告诉我，谈话失败了，还说就是按照我的"套路"谈的。可见，别人"育人"的成功经验未必是可复制的。

哲学家波兰尼在《个人知识：朝向后批判哲学》一书中最先提出"默会知识"的概念，他说并不是任何知识都是可以表达的。人们在强调经验知识的本质时，往往认为经验知识中存在着一个核心要素，这个核心要素就是个人的真实经验，是可感知、可操作但不可表达的默会知识，它是某一个体可以重复的控制和感知，以及对关系处理的记忆，是只有个体本身才觉得真实、可以被重复实现和感知的经验，却无法在他人的控制和感知中重演，所以"默会知识"对其他个体不成立。因为它具有三个特点：无法用语言和文字描述，只能在行动中展现、觉察、意会；对默会知识的获取只能依靠亲身实践，必须用类似带学徒那样的方式来传递；默会知识分散在不同个体身上，不易大规模积累、储藏和传播。

在"阳光德育模式"里有很多值得被人借鉴的做法，如"阳光读本"的撰写、队伍建设的实施、学生成长信息化平台的运用等，但并不意味着教育本身的可重复、可复制性。所以"德育"不应该用一种模式来框架并反复运用，否则无论哪个学校或其他类似的环境，只要它的对象不具备应有的核心素养，我们就可以拿这套"模式"来教育他，并且，理论上一定会取得成功。事实上，教育是多元化的，它更适合拥有一个系统。

"系统"是一种观念或者思想，是由多个相互联系、相互作用，并能实现特定功能的要素组成的有机整体。它具有集合性、相关性、目的性、层次性、环境适应性、动态性的特征。其中最关键的是，系统中的活动及过程和系统本身都是动态的，系统具有随环境变化相应进行自我调节，以适应新环境的能力。

"教育"这个系统的组成要素，就是教育者、教育内容、学习者，以及教育影响。其中，除了"教育内容"是相对固定的外，教育者和学习者的知识面、底层的核心素养等都是千差万别的，而且是不断变化的动态呈现，正所谓"千人千面"。那"教育影响"作为受教育者的唯一教育影响源，是教育者与受教育者之间相互作用、进行教育双边活动的一切中介的总和，则更需要教育者在过程中不断自省、修缮、升级。

因此，一个学校的德育工作不应局限于"框架式、范本式、模本式"的理论性的模式，而应该建立更有温度和色彩、更具科学性、更有延伸力量的"可以随环境变化不断自我调整、不断升级"的"系统"。

甚至，"阳光德育"中的"德育"，易让人联想到的"育人"者只是德育老师，如思政老师、班主任、学生科老师等，似是与其他老师无关。但事实上，应该是"三全育人"，即"全员、全程、全方位"育人，"德育"是每位老师的职责所在。

因此，"阳光德育模式"更应成长为"阳光育人系统"。

"育人"需要温度和生命力

"阳光德育模式"中，"构建、设计、途径、整合、保障、框架、轨迹、路径、育人规范化、模块、标杆、塑造"等"框架式"词汇，学生会喜欢吗？会乐于接受吗？面对这些僵硬的词汇会不会觉得被"套路"了呢？这些词汇是不是具有温度和张力呢？还是仅仅显示的是教师对学生的俯视以及高高在上的对学生的控制，缺乏生命的灵动和生机。教育应该是有温度的，只有彼此温暖，才能互增力量。

　　近年来受到广泛关注和研究的"量子纠缠"在 2022 年获得诺贝尔物理学奖，这是一个重大突破，科学家首次实现了"量子纠缠"的可视化，即证明了粒子的瞬间协同性，组成物质的基本粒子之间存在着对称性的瞬间联系和影响，且不受空间和距离限制。粒子都存在于电磁场和引力场这两个场当中，我们的手机之所以有信号，就是因为有磁波；太阳系、银河系，甚或整个宇宙会按照规则运行，也是因为任何物质都受到引力场的吸引。量子纠缠的发现让我们知道，在"双场"中，对称粒子处于静态时质量为零，只是一个潜在的粒子，但只要一个粒子动了起来，便赋予了质量，那另一个潜在的对称性的粒子必定会瞬间接收到信息，继而产生质量动起来，即使它们相隔很远。人的思维就是一种粒子活动，当一个人在思考的时候，另外一个人哪怕在地球的另一端也会发生相应的呼应。所以，在两个场的双重作用下，人与人之间思想上的同频共振，也可以解释为对称性的量子纠缠，不仅是人与人之间，我甚至认为，人对于生命万物产生的瞬间感悟，皆缘于量子纠缠。

　　所以人和人为什么会有心灵沟通？我们为什么会跟很多学生有心灵感应？就是因为当老师的心灵动起来的时候，他所对应的学生的心灵也随之动起来，但如果只是一个称谓上的老师呢？没有学生，或者自己不动心，那就没有互动的学生和与学生的互动，那这个老师其实是空白的，没有质量，没有"老师"存在的意义，也就永远无法与学生有心灵感应。而且，这种感应仅靠单方面是动不起来的，一定是互动的，必须是互动的，必然是互动的，单个的动没有意义，只有在互动的过程中、有感应的过程中才会有质量，老师才有"老师"存在的价值。

所以我在想，我们作为老师，会不会有很多粒子和我们对应呢？答案是肯定的，而且，只有我们自己动起来，才会有质量，有了质量才会有自己的光芒，才能让很多个"学生粒子"跟着动起来，才会产生彼此的呼应。

当代作家木心说，记忆就是一种粒子活动。记忆是个活的东西，记忆里的人和事都是活的、都是互动的。生命运动也是一种粒子运动，这也就是为什么生命可以影响生命、灵魂可以与灵魂碰撞，而且在这种影响和碰撞的互动中让彼此变得丰富起来。这才是老师和学生应该有的"纠缠"状态和关系，是在教育过程中形成的情感联系和相互依赖。

在物理学中还有个著名的实验，叫"双缝干涉实验"。这个实验是对光到底是粒子还是波的问题的探讨，科学家用光照射有两条平行缝的板，在用或不用观测器的情况下，反复观察接收板上的条纹，发现光既是粒子，又是波，不管是不是在被监测的情况下。

事实上，我们每个人都具有"波粒二象性"：既是粒子，是以躯体为载体的独立的人的存在；又是波，是以价值为载体的波源体，可以互相"干涉"、互相影响。

社会越是进步，人的"波粒二象性"就越明显。每个人都有自己的价值、生命力的价值，可以波及周围的人，甚至不认识的人，更何况是"老师"这个特殊的群体，我们面向的是祖国未来的"波源体"，我们的价值体现就是我们学生的成长。所以，我们必须拥有正确的世界观、人生观、价值观，还有作为老师的"教育观"；我们需要运用适合的语言、语境面向学生，由此汇聚、凝练成的文字亦是。

我们学校是全国首批"诊断与改进"的试点学校。"诊改"是学校根据自身办学理念、办学定位等人才培养目标，聚焦专业设置与条件、教师队伍与建设、质量监控与成效等人才培养工作要素，查找不足并完善提高的工作过程。"诊改"的工作方针是"需求导向、自我保证、多元诊断、重在改进"。

我们是不是要先自我诊断，看自己是不是一颗饱满的、充满生机的粒子呢？老师作为粒子，同类的粒子汇聚成了光，映照着"学生粒子"，而这种映照应该是主观能动的映照，所以，教育是一场有温度的传递，是师生之间的双向奔赴，而不是我们以为的对学生的成功驾驭。我们自己以为的"增强了学生自信""针对了当代中职学生的群体特点与个性需求""遵循了'以人为本，科学育人'的理念""发挥了学校德育的功能"等只是我们自己以为的。所以，"育人"一定是以最温暖人心、最让学生接受的文字展开的。

"阳光育人系统"的脉络

"阳光德育模式"的内容依次为：队伍建设、阳光读本、成长轨迹、阳光行动、环境建设。

我认为，除了"学生成长轨迹"和"阳光行动"可以单独成章外，队伍建设、阳光读本和环境建设都属营造育人氛围的范畴。即，"阳光育人系统"应包含"育人氛围、阳光行动和成长轨迹"三方面内容。

营造有生命张力的育人氛围

育人环境不仅指校园的一楼一宇、一草一木，还指校园文化的创建，比如我们学校"明德、诚信、勤学、自强"的校训，以及随处可见的校园文化标识等。更重要的，还体现在老师的精神面貌、敬业精神、为人处事等方面。

在我女儿高考的那天，我送考到考点门口时欲给她个坚实有力的拥抱，结果她躲闪了下，只是勉强抱了抱，还说，那么多人看着怪难为情的。目睹她进去，我竟然看见他们学校的老师排成两队夹道迎接学生，还跟每个同学依次地、深深地、紧紧地拥抱，我女儿也毫不躲闪，很自然、很深情、很依赖地享受着每位老师的怀抱，啊，这会儿她怎么不难为情了？我张大了嘴，心里泛起一阵醋意，原来她都跟老师们那么亲近啊，远远超过了爸爸妈妈哦！难怪她平时经常讲他们学校的每个老师都很疼他们的。

其实在我们学校也是呀。在每年的三年级成人仪式上，同学们在"感恩父母"的环节中读着家长的信，感动着、抽泣着。而当到了"感恩老师"的环节，学生代表们站在自己老师身旁时，一段段催人泪下的告白、一个个感人肺腑的故事，令台上台下的人无不动容到泪流满面，那是一种对三年来细枝末节的深深眷恋、对所有老师点滴付出的依依不舍，也是对自己成人誓言的承诺和坚定，以及伴随着音乐即将踏上人生新征程的自信和期盼。

我想，那种"拥抱"和"心疼"、那种"眷恋"和"不舍"，就是校园的育人氛围吧。

董宇辉在中国传媒大学演讲时曾说过这样一个故事：在一个闷热的夏季午后，他正在一个高三班级上课，突然整个大楼一片漆黑，原来是突如其来的暴雨导致雷电击中了大楼变压器。周围瞬间一片嘈杂，其他班的同学们欢呼着蜂拥冲出教室，他班上的同学也欢呼了，待安静后，董老师问："你们真的想回去？还是我们再学一会儿，我可以打开手机电筒照明。"几秒钟后，有同学默默打开手机，不一会儿，全班都打开了手机，每个人，就在手机的亮光下重又恢复平静。那一刻，外面倾盆大雨、电闪雷鸣，里面星星点点、全神贯注；那一刻，学生下笔如有神；那一刻，老师才是点亮学生的光源。

　　我想，那样的一节课，恐怕无论是老师还是学生，此生都忘不了吧；我想，那样的时刻，就是教师给予学生的育人氛围吧。正如董宇辉父亲借用哲学家所言：人是万物的尺度，真正的工作是能够创造价值的工作，而影响人的工作就是有价值的工作。

　　我们学校有一位默默无闻的冯老师，在一次全体教职工的联欢活动中，原本有他唱《十年》这首歌的环节，可那天活动内容太过丰满，眼看时间拖得太长，冯老师怯怯地跟主持人商量说他不唱了，怕耽误大家时间，可我明明看到在主持人答应他的瞬间，他眼里的失落，那一刻，一直留在我的脑海里。直到冯老师退休前夕，恰逢我们组织了一场全校学生的活动，那天，我悄悄请来了冯老师。在活动快结束时，我上台总结后说："同学们，我们学校的冯××老师，大家认识吗？"

　　大家大声地回答："认识，知道的！"

　　我说："冯老师明天就退休了，我想问下，哪些同学听过冯老师的课呀，听过的都上台来好吗？"话音刚落，同学们纷纷涌上台，瞬间站满了整个舞台，还有好多同学根本挤不上来。

　　"同学们眼中的冯老师是个什么样的老师呀？"

　　同学们七嘴八舌："冯老师平时话很少的。""冯老师上课很认真。""冯老师很关心我们的。"……

　　没一会儿，同学们眼里的冯老师就变得饱满、鲜亮。

　　"我知道冯老师很喜欢唱歌，我们请他上来唱一首怎么样？就唱《十年》好不好？"同学们一阵欢呼。

冯老师尽管唱功普通，可声情并茂、倾心演唱，博得了大家阵阵喝彩。

最后，我们献上了全体学生科老师签名的礼物。在师生的共同祝愿下，我看到冯老师眼中闪着泪花。

我想，那一刻，我们不仅成全了冯老师的心愿，更营造了一种暖人心脾、尊师重道的育人氛围吧。

对学生而言，比起知识，他们更需要在学做人的过程中得到阳光辐照、土地孕囊、雨露滋润、养料浸染，以及适合回馈后的正向循环，而这种"阳光、土地、雨露、养料、回馈"不是去刻意地给学生，而是需要老师去营造这样的氛围，比如老师的一段讲话、一个动作、一种神态、一个表情、一席鼓励，甚至是一个神秘的微笑、亲昵地摸下头或者挑下眉、耐人寻味地按下肩，都会产生当下的、彼此的现场气氛和气场，都会让学生接收到你想传递给他的信息和温度。

有一次我上课的时候，突然想起当天是一位感情细腻的女生的生日，可我手上也没有合适的东西送她，索性信手拿了一张小纸片，写上"生日快乐"四个字，似是不经意地经过她身旁，把小纸片放到她面前，按了按，她看到了，惊喜的神色溢于言表。一年后，我去她家家访，发现那张小纸片竟被端正地放在桌上的小镜框里。老师的言行真的可以让学生产生相呼应的对应点，对应点通了，学生就会自己教育自己，而不是你在教育他，这就是师生间的"不教自教"，这也就是孔子，以及王阳明不愿立文字的原因吧，尽管他们的学生希望把老师的一字一句都记下来，但记下来就不是原来的氛围里所表达的精确含义了，所谓"言所不追"，就是一种潜意识的交流，是那个特定氛围里的特定表达和人与人的相互连接。

育人氛围无需刻意，很多时候只要你有心，机会无处不在。当我经过操场，看到同学们在跳绳时，会悄悄潜入队伍跟他们一起跳；当我经过谈天说地的同学身旁时，会不经意地插上一句冷笑话；当在午休时间看到有同学在下棋时，我会凑上去硬要跟他们来一场对弈；当我跟同学们做逃生游戏时，就是每人拿一根下面拴着小球的绳子，以班级或小组为单位把小球从桶装水的空桶里拉出来，看哪个桶完成得快，不用我说，同学们在分享的时候都说，每个人都是集体的一员，我们要团结一致、不离不弃；当我让同学们闭眼画两个相切的圆圈，然后根据两个圈相离或重叠的大概尺度为自己打分时，同学们会告诉我，诚信在自己的心里；

当学期末，我让同学们不限字数地写写对"哲学与人生"这门课有什么新的认识，以及对我这个任课老师有什么意见和建议时，大家都毫无保留地写下了自己的看法，让我感受到他们对我的肯定和包容，尤其是那句"在您的身上有一种只属于您的独特的美和个性",这正是我毕生所求;当有一次我把头发意外染得太红时,我在全校学生面前,指着自己的脑袋,一本正经地说:"看看、看看,这个头发像什么样子,这是校园,怎么可以染成这样!责令限期改正!"……

教育不就应该具有一种化有形于无形的力量吗?"教"而"不教",才是为了更好地诠释身教重于言传的育人之道啊。对学生如此,对老师呢?亦是如此。

我喜欢跟班主任们分享我日常学习的所思所想。比如听台湾著名画家、诗人蒋勋先生讲庄子的逍遥游:在遥远的北海有一条巨大无比的鱼,叫"鲲",它的宽度就有好几千里。有一天,鲲突然变成了一只大鸟,叫"鹏",它的背也有好几千里那么宽。大鹏振翅飞向高空,张开的翅膀如同从空中垂下的两片云彩。鹏要迁徙,飞向南冥的天池,但一旦升空飞行,就要六个月后才能停下来休息,如果风聚积的力量不雄厚,它便无法托付巨大的翅膀。所以,鹏飞到九万里高空,风就在它的身下,鹏凭借风力飞行,背负着青天,毫无阻挡,坚持不懈飞到了南方。所以,老师们,我怎么觉得我们老师就像那载着大鹏的风啊!

当大鹏在高空飞翔的时候,地上有只寒蝉与一只小灰雀看见了它,它们觉得大鹏很奇怪,寒蝉说:"你看他干吗这么累?一飞就要飞六个月。像我们这样在草丛里跳来跳去、从这个树枝跳到另一个树枝,即使翅膀不够有力,掉地上,那我再起来飞就是了。"所以,老师们,你们看,鹏有多伟大啊,而这种小生命显得那么卑微，只是小小的生命的存在，似乎没有任何价值，但我们怎么能拿狮子来跟蚂蚁比呢？他们完成各自生命的方式是不一样的，这样的比较，其实是对某一种生命存在的无知和偏见。正如"朝菌不知晦朔，蟪蛄不知春秋"，寿命短的理解不了寿命长的。朝菌不知道有月初月末，寒蝉不知道有春天和秋天，它们的生命都如此短暂；而楚国的南方有一棵叫冥灵的大树，五百年为春，五百年为秋，也就是说，它的一个春天、一个秋天都是五百年；上古有一种叫大椿的树，八千年为春，八千年为秋，它们的生命都如此漫长。八百岁的彭祖一直以来是传闻中的寿星，人们若是和他比寿命，岂不可悲吗？所以无论是狮子还是蚂蚁、是鹏还是寒蝉和灰雀、是朝菌还是彭祖，只要有自己的开始和结束，就具有各自不同的生命意义，每一个生命都在用他自己的方式完整呈现自己，包括我们每一个人，都有适合自己的本性。我觉得庄子太了不起了，他从不说教，而仅仅是把我们带到一个个不同的生命现场，去关注、去经历、去感受、去领悟对生命的敬重。

蒋勋先生还讲道：很多人都喜欢唐朝更胜于宋朝，所谓"大唐盛世，万国来朝"。但欧阳修、范仲淹、司马光都是宋朝的，尽管宋朝不善作战，国弱民贫，但文化的高度却令人惊叹，比如范仲淹透过《岳阳楼记》展现的胸怀，以及故宫里最好的绘画、书法、瓷器、丝绸都来自宋朝，宋朝的瓷器不仅在中国的文化上创造了巅峰，它也是世界文明的巅峰。所以，唐朝有唐三彩的华丽，宋朝有定窑、汝窑的素雅。

敬重每一个生命、尊重每一个学生，这应该是每位老师的信念。因为我们就是大鹏翅膀下的风；我们就是寒蝉和灰雀微弱生命的欣赏者；我们在称颂"大唐盛世"的同时，亦为宋朝文化的繁荣鼓掌喝彩。

西西弗斯是希腊神话中的人物，足智多谋，是科林斯的建立者和国王。他因触犯了众神，被诸神惩罚，把一块巨石推上山顶，但那巨石太重，每每未到山顶就又滚下山去，前功尽弃，于是他就不断重复、永无止境地做这件事。让西西弗斯的生命就在这样一件无效又无望的劳作当中慢慢消耗殆尽，诸神认为没有比这更严厉的惩罚了。尽管如此，西西弗斯依然不愿回到冰冷的地底遭受刑罚，他不愿沿着一条仅仅通向死亡的路走下去，而是选择唯一的一条可能不是通向死亡的道路。向往自由的他宁愿选择这样一种无尽的处罚也不愿放弃拥抱阳光、亲吻大地的自由。他竭尽全力地用自己微弱的力量向着阳光挺进，那种坚持不懈的毅力，那种明知道自己一直做着注定要失败的努力，却仍执着坚持，这让人感受到近乎绝望的沮丧，而西西弗斯却平静地面对这一切，微笑着走向失败。失去希望并不就是绝望，绝境只是心境，不求拥有无尽的生命，但盼仍对可能抱有期望。内心的强大和充盈令他更加珍惜巨石前进的过程，"知其不可而为之"，这难道不是"相信"的力量吗？向着高处挣扎本身足以填满一个人的心灵。

正如塞万提斯笔下的酷爱骑士小说的堂吉诃德，那在落日余晖下映衬得小小的身影，为了惩强扶弱闹了很多笑话，做了许多匪夷所思的事。他把风车当成敌人，风车翅膀却把他的长矛折成几段，他自己连人带马翻倒在地；他把羊群当成军队，却被牧羊人狠狠揍了一顿，还被打掉了几颗牙齿；他把罪犯当成受到迫害的绅士，解救了他们，结果反而被这帮人打成重伤，差点丢了性命。堂吉诃德就是个理想的英雄和现实的疯子，他的疯狂行为，总是让人觉得不合时宜、滑稽可笑，但是他内心充满正义，面对任何困难都勇往直前、奋不顾身，不论遭遇多少次失败，仍然坚持自己的理想，让人们在捧腹大笑之后，内心感受到一丝悲凉，但他忠于理想的精神让人感动、愿意为真理奉献生命值得被珍视，为打破一切枷锁的无惧无畏，亦激励、鼓舞了无数人。《堂吉诃德》让人延伸出无限的感慨与思考。

有人说，不管是西西弗斯还是堂吉诃德，都在"知其不可而为之"，都是一种悲剧英雄的气概，如同吸引力法则似乎具有玄学的实质，但如果是人们在积极心理的引导下的坚持不懈呢？我想，那就是一种信念、一种精神。他们向往自由的充盈内心和对人生理想的奋不顾身，足以证明他们就是永不妥协的斗士，这种不怯懦、不退缩、相信"相信"的力量，令我们折服。一个成功的英雄是英雄，一个失败的英雄更值得尊崇、敬仰。

那种在途中的追求才最显光芒、最难能可贵。因为我们每个人都是不完美的，事实上是无法完美的，人人都是未完成式，穷其一生，都实现不了自己与生带来的所有潜能；穷其一生，也只能实现一部分自身价值和理想。那么，西西弗斯和堂吉诃德的追求，就是一种追求、一种有意义的追求，而不是一种得到与实现，如果我们只是为了得到、为了实现，那这个"得到"终究不是一个完全完美的呈现，亦不是有意义的呈现。

我把我的所学、所思、所悟分享给老师们，并不期待大家从我这里学到什么，而是希望激发大家学习的内驱力、启发大家能动的思考、增添大家自省的勇气、警醒自己育人的专注。

那老师，你是否具备做老师的特质呢？你有为祖国培养人才的信念和力量吗？你有自主学习的驱动力和专注力吗？你有做事的意志力和坚韧度吗？你有平等对待每一个学生个体的体知体感和亲和力吗？你有抵御挫折失败的勇气和征服力吗？你有充沛的内心和对价值的追求吗？你有营造育人氛围的能力吗？如果我们为人师者都不具备这些素养，我们拿什么来奉献给学生，拿什么来承载学生的未来，拿什么告诉别人我是"老师"！如果我们为人师者都不善于自我关注、自我省视、自我诊断、自主学习，那我们就丧失了育人者自身的生命成长，一个没有生命成长的育人者，怎么可能引领学生的生命成长？曾经有朋友找我，说她女儿想做老师，问我能否推荐，我问她为什么想做老师，她说因为有寒暑假、因为旱涝保收，我当即回绝。最近还听说有"旅游支教"这种项目，这分明是打着"支教"旗号行"旅游"之实的支教旅游，甚至已演变为成熟的产业链，我实在不明白，甚至愤懑：何以把教育变成了产业、生意，又怎么能把学生当作"玩意"！

一个老师什么时候最有魅力、最具吸引力和感染力？不是站在讲台上把自己脑子里仅有的知识教给学生的时候，而是应该在自我学习、自主充盈的过程中。老师要学生爱学习，自己却不学习，怎么能让学生真正地学习起来呢？

事实上，"学"和"习"是两个词，"学"是基础的一步，是学你没有的知识；"习"是实践的一步，是生命成长的体验。老师的"学"和"习"是知，老师去教学生，就是"行"，知行应该是合一的，但我们往往把"学"和"习"人为地割裂开来。学生只有"学"，没有"习"，职业教育有"学"，也有"习"，但这个"习"也仅局限于技能层面的"习"。哪怕是"德育"，也是只"教"不"习"，耳提面命，忽略实践的部分。整个的人生安排都是社会的制度性安排和对个体人生的安排，也是把"学"和"习"相互割裂，一个人前半生用十几年时间"学"，后半生用几十年时间"习"，这样的"学"和"习"怎么能适应快速发展的时代呢？如果老师再不学习，或者不是一个终身学习者，学生怎么可能在老师的影响下学习呢？所以老师应该，而且必须是一个学习者、终身学习者；所以老师，请你停下追逐个人得失的脚步，正视祖国未来的栋梁，成长自己、成就学生；所以老师，请你对得起为人师的称号！仅仅因为，你是老师！所以，老师自身才是营造教育氛围的根本所在，而不是为营造而营造。没有育人者的氛围，何来受教者的氛围。

然而，在现实生活中，不是每个人都适合做老师的。我见过只知做事、不知抬头看路和自我成长的老师；见过在众人面前挖苦学生、让学生抬不起头来的老师；见过不回应学生问候却指责学生没礼貌、不懂事的老师；还见过思政课上，当问及学生你的理想是什么，好几位同学回答以后要多赚钱的时候，我们的老师直接跳过，没做任何引导。

"老师的氛围"应从选老师开始。用"挑剔"的眼光找老师，不仅需要老师应知应会的笔试、需要大方得体的应对能力，更需要观察其在与学生的相处中是否具有体知、体感和能否散发出教育者应有的育人温度。

"老师的氛围"可以借助各种培训，但不是为了培训而培训，而应是启发式的、感染式的、温度式的、激励式的，而且，也不是刻意地灌输。每当学年末，我都会给每位班主任写一段"科长寄语"。如，"某某老师：在你眼里，或'是'、或'非'，没有第三种可能，就像传说中的女侠，这像极了年轻时的我，但随着岁月的磨砺，你会变得柔和，由内圆外方变成内方外圆，这不叫'圆滑'，而叫'成熟'，相信内在强大的你会不断省视自己、提升自我，记住：认真付出固然重要，但更重要的是要找到适合的最佳的做法"。再如，"某某老师：你的笑容蕴含了你的亲和力；你的付出显现了你的克勤敬业。初为班主任，就让人看到了你的成熟与老到，不简单！你的聪明和睿智，尤其是你的执着，将助你在未来的育人路上成为一颗耀眼的星星，看好你，加油"！还如，"某某老师：第一次对你刮目相看，是在繁重的军训期间，你居然还能挤出时间看有关班主任的书籍，看得出你是个对工作很上心的人；第二次对你另眼相看，是在你处理学生偶发事件时表现出来的揪心，以及不断反思、总结自己的那刻，看得出你是个善于反省和思考的班主任，有这样的责任心和工作激情，相信一定会让我看到一个不断成熟、完美的你"！每当老师们看到我的"科长寄语"时，都会会心一笑，甚至有老师能拿出珍藏了几年的"寄语"。当然，我也会批评老师，但绝不是指名道姓地批评，而是会讲一堆现象请老师们在心里默默对号入座、加以改进，可表扬就不同，我会大张旗鼓地当众表扬。有一次，一位班主任找我，说她们班最近早自修表现很好，让我找机会鼓励鼓励，第二天一早，我就"不经意"地经过她的班级，探头进去，"哇！你们看书那么投入啊，这才是早自修该有的打开方式哦！"结果，早操时，我就手舞足蹈地在全校面前大肆表扬了他们，班主任也厉害，回到班级后趁热打铁："你们看，你们表现好，大家都看在眼里，那我们其他方面也要努力哦！"

所以你看，不管是"老师的氛围"还是"学生的氛围"，都需要引领者具有敏感的体知、体感，并有意识地自觉营造。

国家主席习近平在2024年的元旦贺词中也提到，要营造温暖和谐的社会氛围，让大家心情愉快、人生出彩、梦想成真。学生需要氛围，老师也需要氛围，整个社会都需要氛围。

根据生态系统理论的观点，个体发展是在学校、家庭、社区等各个生态子系统的相互影响下进行的，任何一个微系统或中间系统出现了问题，个体发展都会不可避免地受到影响。

　　"育人"氛围的营造，还有一个非常重要的环节，就是家庭的"育人"氛围。

　　最近在网络上发酵的"子涵妈妈"的梗，就是因为在一张家长朋友圈里疯传的聊天截图里，子涵妈妈质问老师："老师，我家子涵怎么了？早上去幼儿园的时候还是好好的，放学发现被蚊子咬了一口，幼儿园就这样看孩子的吗？"甚至还兴师问罪："为什么不咬其他人。"一石激起千层浪，家长们纷纷模仿子涵妈妈："老师，我家子涵怎么在后排啊？""老师，照片里怎么没有我家子涵啊！"看似荒谬的段子，实则确有荒唐的家长，细思这种过度保护的言论，对孩子的教育和成长真的好吗？有人说，"做父母"是开弓没有回头路的，而且是唯一不需要培训、考核的岗位，甚至没有下岗和裁员；也有人说，幼儿园永远是从外面往里面看，敬老院永远是从里面往外面看，实则都是在看自己的孩子。这种不经思考地过分呵护、过分关注甚至不是孩子真心希望和需要的。我们是要"关注"孩子，但不等于要去"关住"孩子。

　　人的真正成长应当是独特个性的形成、真实自我的发现，是精神世界的成熟和健全人格的完善。

　　很多家长对孩子的期望值过高，以至于孩子一旦没有达到他们的要求，要么讽刺挖苦，要么威逼打骂，给孩子造成极大的压力，继而产生强烈的叛逆心理，造成亲子关系的恶性循环。

　　普希金小时候诗写得特别有灵气，但数学却相当糟糕。他在发现老师讲解的几道四则运算题的最终结果都是零之后，无论解答什么数学题目，甚至连题目都不看一眼，就在等号后面直接写上零。老师对这个毫无希望的孩子说："去写你的诗吧！数学对你来说就意味着是个零。"普希金最后选择了诗，他成功了。

不完美，不是孩子的缺点，而是人的特点。尺有所短，寸有所长，不用担心暂时落后，不必恐慌一无是处，人生的路曲折且漫长，偶尔堵车很正常，就像导航提示的那样，"前方道路拥堵，但你仍在最优路线上"。亲爱的家长们，在任何情况下，我们都不要忘记给孩子一些期待、一些鼓励、一些赏识，不要因为孩子表现出色才付出你的爱。我们要允许孩子的不鲜艳，只要他们有自己独特的颜色就好，哪怕只是单色，甚至只是素颜。亲爱的家长，只要您不吝啬您的激情，孩子们就一定不会令您失望，我们也一定会在孩子成功的笑容里找到自己的价值所在！

在一次全校学生家长的"家庭教育"讲座上，我分享了我的育儿故事。

从我女儿记事起，我就把选择权交给她，穿什么自己选，吃什么自己选，我最多告诉她，她的选择可能会有的后果。等到她上学了，面对备忘录家长要签名这事，我永远只问她两个问题："都完成了吗？"她答："都完成了。"再问："有问题吗？"她答："没问题！"然后我就签名了，没毛病。当然，现在的学校对家长的要求比我们那会儿要高很多，但不管怎样，责任心是要从小开始培养的。还有个问题，孩子在做作业的时候，家长做什么？看电视？看手机？我选择看书。你也在学习、也在自律、也在成长，他（她）就安心学习了。孩子最讨厌家长说："我都是为你好！"家长自己却很放纵。

有一次，女儿回家得意地说："妈妈妈妈，昨天我有两道题错了，你没看出来，哦，不，是你没看！"我抬头看看她，还她一个得意："读书是你自己的事，当然得你自己检查咯。""哦，好吧。"从那以后，我再也不关注她的学习，事实上，我从来就没关注过。就是到高三，别人家的孩子都在忙着补课，我也问过她要不要补，她说不要，那不要就不要咯。直到有一天，她主动跟我说想补一下物理，说应该还能提高点。我被动地帮她找了一位据说很好的老师，结果，女儿去了一次，就跟我说没想象中的好，效果不大，不想去了，问我交出去的钱怎么办。我说你不想去就不去咯，钱不用担心，我去要回来。你看，这就是我，一个当老师的妈妈，几乎从来不关心她的学习，事实上，对她的"三观"、为人处事，以及学习的状态，我还是非常在意的，从她很小的时候开始，我们就经常促膝谈心，像大人一样畅谈人生，甚至分析人性。

女儿读小学时，有次她去参加同学的生日会，地点在一家餐厅，孩子们到场后，小寿星的爸爸妈妈忙前忙后，眼见有几十杯饮料要拿，只得一次次地往返，我女儿看见后马上跑过去帮忙，还说："谢谢叔叔阿姨，你们辛苦啦！"回家后，她告诉我只有她一个人去帮忙了，我马上放下手里的书，给了她一个大大的拥抱，说："女儿真棒！不仅在家里帮着做家务，还想到为别人分担，有你真好！"我还奖励她买了一本她心仪已久的书。女儿特别爱看书，长大了以后也是，打开她看过的书，里面会有很多划过的痕迹，甚至还有自己的感悟和提炼，比我还会学习。

我从来不会打骂孩子，孩子和学生一样，是用来爱的，不是代替父母来实现自己未达成的心愿、给大人装门面的。没有一朵花一开始就是一朵花，家长在养育、浇灌他（她）的时候，别忘了自己这朵花也要绽放。现在已经不是孟母三迁的时代了，你最应该给他（她）的，不仅仅是一个能让他学习的环境了，也不是你的财富，抑或你的才华；而是用你的饱满去激发他（她）的饱满、用你的魅力去唤醒他（她）的魅力。

女儿念高二那年，学校组织学农，其间开展了一次拔河比赛，她们班同学觉得赛制不公平，所以在听到开始的哨声后，拿起绳子再瞬间放下，毫无疑问，比赛输了，输得那么故意、那么任性，这让年轻的女班主任甚是尴尬和委屈，眼里的泪珠显而易见。傍晚，女儿乘大家不备，悄悄溜出寝室，在河边找到班主任，见她坐在那儿抹眼泪，女儿乖巧地坐到她身边，开始了长达两小时的思想工作，果不其然，老师的心结打开了，重又露出了笑容。

我为女儿的善良、担当、从容由衷地感到骄傲，但事后，我又进一步提醒她，仅有小爱是不够的，还要有大爱；仅关心身边的人是小格局，放眼我们的国家，乃至整个人类，才是大格局。可能有人会说，你女儿那么乖，当然会有这样一份美好，但，如果父母心里没有装着美好，哪来孩子内心和行为上的美好啊！

家长听我分享育儿经听得入了迷，一个劲儿地让我再讲一些。

其实我讲我和女儿的故事，也是为了唤起家长的思考和改变。鸡蛋从外面打破是食物，从内部打破才是生命；来自外部的力量是压力，来自内在的迸发才是成长啊！让孩子自己在生命的土壤中扎下根、在人生的大海上抛下锚，才是我们每个家长和老师的责任啊！

正如当代著名学者周国平所说的，人不但有外在的眼睛，而且有内在的眼睛。外在的眼睛看见现象，内在的眼睛看见意义，被外在的眼睛看见的成为大脑的储存，被内在的眼睛看见的才是心灵的财富。

我们学校是市级家庭教育示范校，今年，我又提出了一个新的做法，年初的时候也已经开始了两个班级的试点：每年年底开展"五个一示范家庭"的评选活动。即一个口号、一个措施、一个变化、一个故事、一个成效，年底时以家庭为单位上台讲述自己家庭的争创内容，由家委会成员和老师共同组成评委进行评选，如争创"和谐家庭""学习型家庭""自律型家庭"等等，期待通过这类活动，形成更多具有良性循环的正能量亲子关系。

我想，这就是家庭教育的氛围营造吧。

阳光行动的赋能

"阳光行动"，顾名思义就是让学生动起来，动着做，并在这种动起来的过程中赋予行动阳光的色彩。双场作用下的粒子只有动起来才会有质量，才能"纠缠"，才能呈现有价值的"波"，影响周围人，亦影响自身。

最近看到网上有位老师的吐槽，说学校里"课间圈养"的情况越来越严重了，甚至连午休时间都不准学生下楼放松。但在我们学校却不然，我的职业生涯是从团委书记开始的，组织活动是我擅长的事。曾经有一年，我们学校全校性的活动就有86个，还听说有同学就是奔着我们活动多来报考的。可见，学生喜欢活动，乐于参加活动，这和他们的年龄特征和成长规律是一致的。丰富多彩的校园活动，是学生自我发现和自我实现的过程，不同的活动有不同的"功效"，比如培养学生的社会交往能力和团队意识、发展多方面的兴趣和才能、通过提问和探索引导学生自主学习、增强社会责任和理解自身价值等等。校园活动对学生的个性发展、社会技能、创造力和综合素质都会产生深远的影响，能使学生在多方面得到锻炼和成长，为他们未来的生活和职业打下坚实的基础。

在我们学校，每周二下午就特别热闹，50多个社团同时开放，所有同学都一一对应到自己喜欢的社团：围绕思政内容的时政社、法律社；围绕文明风采等各类市级比赛的人文社、音乐剧社；围绕专业技能的咖啡社、烘焙社；围绕提高素养的书法社、礼仪社；还有阳光电视台、啦啦操、化妆、拉丁舞、篮球、十字绣、旅人社、街舞、合唱、管乐、打击乐、评弹、演讲、棋类、摄影、机器人等，太多了。我们每学期都有面向全校家长的社团开放日，还多次组织社团活动论坛。记得有一次论坛后，我们采

用阳光电视台记者采访的形式，把社团以及"阳光德育模式"的
成果展示给来宾，大家都反馈说，一个学校的德育工作能够做到
如此地步真是了不得，形式是其次的，关键是同学们阳光、上进
的状态令人惊叹！还有一次，我们邀请上级领导、兄弟学校、家
委会成员、媒体朋友来到社团现场，书法社的同学现场为来宾们
写春联；手工社的同学奉上现做的小挂件；咖啡社、烘焙社的同
学邀请来宾现场品咖啡、品西点；棋类社团的同学跟家长下棋，
也有同学当场作诗送来宾；还有帮领导现场化妆的……那阵仗、
那气势、那气氛，让参观者大为惊奇。一位兄弟学校领导问我，
你们怎么可以做到所有同学全覆盖、怎么保证社团活动的质量的
呢？我告诉他，原本我们是开学初所有社长摆摊儿招募，后来改
成分批次推出，比如第一批推出的是校级社团，像音乐剧社、管
乐队、打击乐、咖啡社、烘焙社等，完成报名和筛选后推出第二
批，以此类推，所以不管以哪种形式招募，每位同学参加的都是
自己喜欢的社团。社团有校外专业人士教学、校内老师兼任的，
还有学生自由组建的，每次活动都有记录，每次期末都有展示，
甚至还有末位淘汰，被同学们"嫌弃"的当然就要淘汰啦。经过
几年的沉淀，我们的社团活动已经越发成熟、稳健，得到外界一
致好评，更得到同学们的喜爱和赞誉，因为大家不仅在各方面得
到了提升，在自己的社团中更有与家人相处般的亲密体验。而且，
社团取得的成果也是显而易见的，比如在时政大赛上取得四次冠
军，在法律知识竞赛中斩获五次冠军，文明风采各项比赛名列前

茅等。特别是微视频比赛项目，我们每年都是获得一等奖最多的学校，这不，之后上级都把这块工作交给我们承办了。

一个人行动是寻找快乐，一群人行动才能创造共鸣。我想，这应该就是校园活动的魅力所在吧。

德国教育家第斯多惠说，教育的艺术不在于传授本领，而在于激励、唤醒和鼓舞。前几年，因为疫情，同学们封闭在家，但越是在家里，越是要组织活动呀，否则大家的心情怎么会愉悦

呢？我们搞了很多线上的活动，最让同学们惊讶的是，我策划组织全体班主任的云合唱《让世界充满爱》，这个活动完全出乎同学们的意料。尽管老师们都是在家演唱、手机制作，但传递了满满的战胜疫情的力量，就像"量子纠缠"一样，瞬间让同学们受到鼓舞，立即回馈了一首云朗诵《今朝学习抗疫英雄，明天争当时代先锋》，同学们在报道里这样说："为了弘扬正能量，赞颂在这场战役中无私奉献的逆行者，我们学校的老师们率先做出榜样，精心筹备了云合唱活动，通过歌声来鼓舞学生们的斗志。为此，我们学生干部们自发组织云朗诵，与老

师们的云合唱遥相呼应，为抗疫事业献出一分力，并以此感谢学校与老师在疫情期间不间断的工作与辛勤付出！"朗诵稿是同学们的原创作品，融入了真实情感，他们正装出镜，精神抖擞，铿锵有力，声情并茂，那股少年的精神气，充斥着满满的正能量。甚至有同学为了这次表演，特地买了性能更高的笔记本电脑。大家坚信，每一个人的努力与支持，都像一缕微光，一缕微光微不足道，但微光汇聚，就是万丈光芒。他们还说："打好保卫战，不胜誓不还。在这场战役中，每一个人都是英雄。相信只要我们万众一心，就一定会取得胜利！"所以你看，我们师生可以穿越疫情，传递互相之间的温暖和牵挂。

苏格拉底说，每个人身上都有太阳，主要是如何让它发光。我们来假设一下，一位同学学习成绩一直不理想，长期处于自卑状态，或许隐藏得比较好，不易被人看出，但他内心却始终摆脱不了自卑。终于在一次校园活动中，他凭借实力一举成为那天最亮的星，那次，他终于笑了，前所未有的自信油然而生，然后他觉得自己并不笨，其实也可以抬起头来做人。于是，他开始尝试在其他方面也下点功夫，居然有了些许提高，他大喜，更有信心了。之后的他就一发不可收拾，不断超越别人，亦是在超越过去的自己。终于，他赶上了其他同学，终于，他重拾了自信。老师们，你们身边有这样的、或是类似这样的同学吗？再或许，我们自己也是曾经的那个"他"？我喜欢跟学生玩在一起，而且爱玩出花样，曾经的"校园十大歌手"比赛就是如此，我们模仿电视里

的转椅子的形式，找了四位擅长唱歌的老师做导师，手里拿着塑料的"拍手器"，再配着椅子，背对着听演唱，喜欢的就"啪"的一声，用"拍手器"用力拍一下椅子的扶手，然后自己把身子转过来。首场下来，四位"导师"收获了自己的团队，然后就互相"卷"起来了，每个队都偷偷地拼命练习。在最终的表演中，果然每一位水平都有了很大提高。同学们玩在其中、乐在其中，收获了友谊，收获了协作。

3月5日是学雷锋的日子，每年的这个时候，我们总会开展不同的活动，有一年，我们广泛征集师生的珍藏品搞拍卖会，同学们第一次经历这种活动，兴奋地拼命举牌，所幸拍品都价廉物

美，只要是有故事、能传递真善美的都行，校领导也慷慨解囊、争当表率，但拍品实在太多，我们只能忍痛挑选。最终，我们把所得款项尽数捐给市慈善机构，尽管数额有限，但同学们高涨的热情、倾囊奉献的模样令所有人动容。我们还用牙签做手工进行比赛，借比赛输出环保理念，看着同学们突破我们想象的创作，再累也值得。尤其是，所有作品放在大堂展示一月有余，竟然没有丝毫损坏。同学们细心地看、摸，认真地打分、投票，每一件作品似乎都是珍贵的文物，哪里还需要安排人驻守或监控啊。同学们那么热爱艺术，我们索性买了些高雅艺术展览的门票给他们，让他们领略真正的"高雅"。还有党员大手牵小手活动、"工匠精神"论坛、烈士陵园祭扫活动、心理健康月、做菜比赛、社会实践、技能大赛、中秋节陪伴沪滇学生活动、张江高科技园协作活动、校运会、艺术节，等等，甚至还有组队上抖音玩的。2023年，我们还和市志愿者协会、志愿服务公益基金会合作，引进同类学校中第一台智能型志愿者激励兑换平台的"时间兑换机"，通过志愿者"时间银行"，将智能终端与公益事业完美结合，激励同学们的志愿者服务意识。

马斯洛的需求层次告诉我们，人类在获得基本的生存和安全的需求后，对社交、尊重和自我实现的需求随年龄增长而日趋迫切。我倒是认为，人不管是不是已经获得基本的生存和安全都有不同程度的对尊严和被尊重的需求，而这种需求，以及对自我实现的需求，对于顺境中的人容易形成正反馈，而处于逆境中的人呢，往往更容易得到的是负反馈，这正是"系统"与生俱来的一个重要内容，即系统有正、负两种反馈回路，通过这种回路，系统的输出会反过来影响系统的输入。

自我尊重和肯定是建立在"我可以、我能行"的对事物有掌控的自信的基础上的，是内部尊重；同时，人更希望自己在环境中有稳定的地位，能力和成就得到周围人的承认，受到别人的尊重、信赖，并得到好的评价，这就是外部尊重。

我们开展那么多活动，就是希望帮助学生打开正反馈回路，通过活动体验，掌握喜欢的技能，得到外部尊重，身心愉悦地启动内部尊重，从而激励自己、促进自我，反过来再反馈到他们的行动中，循环往复。

开展阳光行动，正是帮助学生寻找实现自我需求的舞台。在我们学校，艺术氛围随处可见，每个角落无不充满着浓厚的艺术气息，学生的艺术作品分布在学校的教学楼、图书馆、实训室，

以及学生宿舍楼的每一处。每学期征集学生艺术作品已成为我们学校的一项传统活动，优秀作品层出不穷，同学们将爱国、爱校情怀与缤纷的色彩融入指尖创作，用富有感染力的艺术作品，展现阳光文明的风采。比如以"品味创意，典藏艺术"为主题的校园文化艺术作品展，每幅作品都是学生创意和智慧的结晶，设计新颖，构思独特，涉及门类广泛，书法、国画、素描、漫画、水粉画、水彩画、剪纸、折纸、十字绣等各具特色。每幅作品旁都有创作理念阐述及作品描述，更好地帮助观展师生了解作品。师生们在参观后，还会参与优秀作品投票，一起分享各自的见解和对艺术的快乐体验。焦墨山水画《绝壁千仞》巍然屹立，气势雄伟；小楷《道德经第一章》柔中带刚，浑厚有力；水粉水彩画色泽柔润明亮，从茕茕孑立的《梅花鹿》，到古典华丽的《欧洲建筑》，让人印象深刻；书法作品《送韦评事》更是引得参观者驻足。同学们纷纷表示，惊喜地发现身边就有"艺术大师"，感觉自己离艺术那么近，同时也学到了很多参观展览的礼仪，提升了艺术审美的欣赏水平。学生的动手能力、创新能力的展示，既增强了他们的自信，也提升了他们的艺术修养，还为生生、师生之间的交流提供了良好的渠道。

教育从来就不是灌输，而是点燃火焰。老师只是辅助者，学生才是主人翁。我们学校的几乎所有活动都由学生策划、落实、总结，而不是这个不许、那个不行，我们主张让他们在过程中体验，在体验中感受价值，在价值中获得成长。正如达尔文认为物种形成有渐进式和突变式两种呈现，在教育中，学生的成长显然是渐进式的，尽管有时候这种"渐进式"表现得较为缓慢，但经过持续的、内化的量的积累，终究发生质的变化，这也就是哲学上的量变和质变的关系吧。

教师之为教，不在全盘授予，而在相机诱导。我们的思想教育不能成为与世隔绝的环境，让学生两耳不闻窗外事，一心只读圣贤书。"千淘万漉虽辛劳，吹尽狂沙始到金。"教育的本质就是成全学生，我们在尝试践行学习中的"习"的过程中，形成独特的校园氤氲之气，让学生成为有快乐能力的人。

成长轨迹平台

"阳光德育模式"最原始的目的，或者说位居其核心的"学生成长轨迹平台"建设的初衷，其实只有两个字，就是"自信"！中职学生太需要自信了：从幼儿园到小学，到初中，他们一路被筛选一路被淘汰，内心的失落可想而知。就是父母，也会一路降低对孩子的期望，我就多次听到家长跟我说，我只要他拿到中专文凭就行啦，我只要他天天按时上课就好啦，我只要他不留级就可以啦……大家或许都听到过，有家长对幼小的孩子说："你现在不好好读书，将来只能进职校！"或者，"看你也不是块读书的料，以后只能进中职校了"。听听，这都是些什么话。一直到中职学生也能考大学了，家长们才重燃希望，想着自己孩子将来也能上个大学多好，或者上个高职也不错，但内心深处，总还是觉得自己家的孩子跟"隔壁家的"有天壤之别。甚至，中职老师的内心多少也会有点自卑。我从事职业教育一辈子，同类学校老师一起开会还不觉得有什么，但只要和普高老师一起，一定会有落差。同样是老师，怎么会有自愧不如的感觉呢？大家都是大学毕业的呀，而且我们现在的教师队伍绝大部分是研究生毕业，甚至还有博士、博士后。虽然我们学生的成绩未必有你们好，但他们有技能呀，再说，我们老师怎么就不如你们呢？又想起那句话：我孩子只是成绩不好，但我坚信他会成为国之栋梁！我之前连续三年去本市某985高校为职业院校的研究生上课，听了我的分享，他们纷纷表示，想做职业学校的老师，想做职业学校的班主任，想做肖老师手下的班主任，这让我在感动之余，深深为自己是中职老师感到自豪！

　　记得20世纪80年代末，也就是职业学校刚起步那会儿，中职校可吃香啦，我们每年招生都是大家排着长龙来面试的，甚至"递条子"的也不计其数，那时候我们感觉可好了。到90年代中期以后，这种风潮就渐渐低落下去了。每当一些媒体记者面对中职学生偶犯的错误大肆宣扬、报道的时候，字里行间都透露着轻贱和不满，殊不知很多时候真的是在以点概面。我们心里的委屈和不甘令我们默默地下决心，一定要把校纪校风整好，把职业教育搞出名堂来。好在之后，国家对职业教育越来越重视，不断加大政策导向，以及财力、物力等的倾斜，才使我们这些职教老师渐渐"抬起头做老师"。前些年，我被安排去澳大利亚学习TAFE

（Technical And Further Education）的职业教育，同去的有20个中职校和相关单位的老师，仅有我一个德育老师，其他都是从事专业教育的，在TAFE，大家学到了很多，除了我，因为他们根本没有搞德育的老师，最接近的就是负责每天登记打卡的人了。但那又怎样，反倒是让我生出无限的自豪和骄傲，我们就是要把教学生如何做人放在首位，习近平总书记一再强调，培养什么人、怎样培养人、为谁培养人始终是教育的根本问题。我特别喜欢复旦大学张维为教授讲的"中国人，你要自信！"节目，他每一次都从各个角度有理有据地阐述中国的了不起，作为中国人，我们要有自信的底气！

近年来，职业教育蒸蒸日上，不仅有中高职，还有中本贯通，甚至有五年一贯制职业学校；不仅在世界技能大赛上崭露头角，很多学校还成为主赛场，还会在每年的进口博览会上占据一席之地，我们学校从加入进博会第一年开始就一直参与其中，而且是一颗闪亮的星，每年都接受记者采访；我们会去国外学习他们的职业教育，也有很多老外来我们这里讨教；不仅学生报考人数越来越多，生源越来越好，就是老师的招聘也是门庭若市，去年，我们学校老师的录取率是120进1，这让我们职教老师欢欣鼓舞。我想说，职业教育未来可期！我也想大声呼吁："中职生，你要自信！"

所以，我们建设学生成长轨迹，就是想让学生随时记录下自己的点滴进步，增强自信，不仅关注自己，还要学会欣赏他人。除此之外，我们还发现所谓学生管理，一直是老师凭主观决定的，在推选三好学生、优秀团员等先进荣誉候选人时，除了客观评价学习成绩外，其余只能依靠教师主观判断和学生民主选举，均带有强烈的个人主观色彩，未能达到完全的"公平"，因此，需要一个平台记录过程材料进行佐证。平台的数据积累可以为客观评价学生提供有力的支撑。

学生管理工作也应当为社会和企业服务，通过向他们提供准确可靠的信息资源，努力为人才的双向选择服务。可现在学生成长档案基本上就是死文件，"活的"信息发挥不了应有的作用，企业对于学生的在校表现一无所知，企业选定学生依靠的只有在校的学习成绩和班主任的推荐表，内容十分有限。在与参与校企合作的企业单位沟通中还发现，企业需要了解的不仅是学生的学习情况，他们更看重学生的能力展现，而这些是目前的学生管理工作中缺少的。虽然学校德育工作开展了许多活动，学生参与度高，学校有意识地对每次活动进行记录，但仅仅是作为学校教育资源进行留存，对于学生本身没能及时反馈，更无法覆盖到在校的每一个学生，如此，将来企业选择学生时所得到的评价信息无疑是单薄的。而平台提供的优秀人才资源库就弥补了这一困境，为企业提供了多元的评价信息，让企业能够更全面地了解学生。

学生成长轨迹平台以积极心理学理论、行为主义学习理论、人本主义理论、个性化学习理论、"人职匹配"理论为支持，打造属于中职学生自己的成长平台。不同于其他学校，我们的平台允许学生自己上传，文字、照片、视频等，而不是必须由班主任或学生干部上传，因为上传的过程也是学生自我激励的过程；我们是随时记录，而不是规定时间发布，因为这样，学生可以时刻关注自己的状态；我们是只传好的或增长点，而不是好的、不够好的一起传，因为我们是成长平台，它区别于一般的考评平台；我们是共同关注，班主任有点赞、发布的权限，其他老师、家长，以及企业人力资源都能关注并点赞，而不是作为学校考核班级和学生的通道，因为全方位的关注是学生不断进步的动力；我们是用 K 线图和成长树来呈现每位学生在行为规范、职业道德、学习情况、职业技能、才艺能力五个方面分别具有的优势，继而形成班级的 K 线图和成长树，而不是用简单的表格或文字表述来界定的，因为形象的呈现是学生

喜闻乐见的，而且这本来就是学生自己设计的；我们是让学生做纵向的、跟自己的比较，而不是跟别人做横向比较，因为以自身为标杆才更能激励自我成长。

在"成长轨迹"中，我们还加入了很多创新设计，比如每位学生上传或为别人点赞都能获得阳光成长值，不断累积，到毕业时，按比例进入优

秀人才资源库，供用人单位参考；再比
如，根据学生日常情况，可以看出学生
在五个板块的长处在哪里，继而平台会
给出相应的对适合岗位的归纳和建议；
还有我们的二级审核，学生上传后，班

主任审核，再由学生科终审后呈现，以确保内容的安全性和合理
性；再有，我们的"阳光天使"小茂和小易，也是学生自己设计并
制作的，看着"他们"因为积分的增长而长大时，同学们就像真的
看到了自己的成长。平台还提供了师生在线交流和学生活动发布的
新渠道，利用大数据信息化手段，助力学生自己浇灌生命之树。

"学生成长轨迹"平台如此完美、如此有创意，实施以来，访问
量已达97.6万多、发帖量有3.6万多，作为上海市中职校第一个记录
学生成长轨迹的信息化平台，起到了综合性的服务和引领功能，可谓
是一种全新的德育工作的示范。但我似乎还不满足，觉得好像还缺了
点什么，对了，是老师，是对老师成长的关注和助力。我之前一直讲
到的老师自身的发展对学生成长的重要性，但老师，尤其是年轻老师
们，很多都是独生子女，从小也是被父母宠着、惯着的，自我意识比
较强，自身的不成熟也会造成他们在教学上的不稳定、不周全、不妥
当，甚至不合规。那么，能否在学生平台的基础上，再加一个关于老
师的板块呢？我想，我们可以开始新的尝试和探索了。

综上所述，归纳"阳光育人系统"，就应该涵盖三大部分：营
造有生命张力的育人氛围、阳光行动的赋能、成长轨迹平台。

阳光生态滋养下的勃发

咖啡女孩

更多的"晓菲"期待被发现。"晓菲现象"值得被关注、需要被重视，身为教师，更应该要自省。

晓菲是个内向的女孩，在人堆里几乎没有存在感，不善言辞，除了身边的几个同学以外，她很少和别人说话，就连上课回答问题，她也是轻声轻气的，也总是低着头，脸涨得通红，像两朵红色的云彩漂浮在脸上，是最容易被老师忽视的那类学生。但晓菲爱笑，是那种腼腆的、默默的笑，清秀的脸上挂着云彩般的笑容。

这批学生刚进校时，班级要组建临时班委，很多同学跃跃欲试，唯独晓菲默默地看着大家，好像她不是这个班的、这些事跟她没有任何关系似的。不一会儿，除了学习委员还没有人选以外，其他职务都尘埃落定。大家还在窃窃私语着说谁做学习委员合适时，晓菲的同桌推了推她，还大声说："晓菲可以的，她成绩好，可以做学习委员！"老师把目光转向晓菲，她却吓得赶紧低头，蠕动着嘴唇，"我不行的，真的不行的。"

老师扫视了一下大家，"怎么样？晓菲可以吗？没有反对的对吧，那就晓菲做学习委员！"

就这样，晓菲稀里糊涂地做了班委干部。其实，晓菲是能胜任的，她做事一丝不苟、追求完美，唯一的瑕疵就是早自修带领大家朗读的时候声音太轻了，为此，班主任专门找她谈话，叫她胆子大一点，要相信自己。不知道是不是老师的鼓励起了作用，还是她骨子里的执拗劲儿上来了，之后，她的声音渐渐大了起来，头也抬起来了，脸上通红的"云彩"变成了粉色。

学校社团开始招募时，晓菲找到班主任，说想报名打击乐，班主任惊喜地看向她，说："你行的，去试试，我相信你！"

就这样，晓菲成了新成立的打击乐社的一员，勤学苦练之后，学期末还被评为优秀社员。自此，晓菲开始变了。之后，她又转战记者社，甚至作为优秀记者参加了市星光记者团，尤其是赴云南的交流，打开了她的视野。校际交流、省市间小伙伴们探讨，更是让她褪去了稚嫩，脸上也写满了自信和笑容。

听说学校烘焙专业在选人，要进军世界技能大赛的时候，尽管老师们再三强调训练会非常辛苦，而且每一次的淘汰赛

也很残酷，让同学们要有心理准备，但这次，晓菲没有犹豫，第一时间就报了名。从面试进入 50 多人的队伍，再到 30 人、10 人的队伍，每一轮竞争都异常激烈，可晓菲却信心满满，可惜的是，10 进 5 这轮，晓菲被淘汰了。那几天，她又陷入了沉思：是不是高估了自己啊，是不是不适合啊……她又开始低下了头，"云彩"又爬上了她的脸颊。

好在咖啡专业的何老师向她抛来了橄榄枝，"晓菲啊，跟烘焙比起来，我觉得你更适合学咖啡，你看哦，你心很静，对自己要求又高，还蛮喜欢琢磨的，咖啡专业就需要像你这样的同学，怎么样，来吗？"

晓菲沉思片刻，带着被烘焙"抛弃"的委屈和不甘，也带着对何老师的感激，用力地点了点头，"好的，何老师，我一定不会让您失望的。"

从此，晓菲开启了她的咖啡之旅。但学做咖啡也绝非轻松的成功之路。晓菲白天黑夜地练习，有时独自面对一台机器，一练就是近十个小时。不要说还需要不停地做咖啡，就是站十个小时也够呛，可晓菲就是一头扎进去了，对着一台机器足足拉了九天的洋葱心，每天至少用掉一斤以上的咖啡豆，最多的一天用了一公斤，相当于做了120杯咖啡。之后，晓菲迎来了她的第一场比赛，上海市的咖啡大师赛。除了晓菲，其他参赛选手都是天天做咖啡的行家，晓菲的压力很大。赛场上，选手不仅要做咖啡，还要边做边讲解，这难度不小，做的时候嘴不能停、讲的时候手不能停。结果，令所有人大吃一惊的是，晓菲居然获得了第一名，这连她自己也没有预料到。之后，她更是一发不可收拾，整天泡在实训室。功夫不负有心人，奖项也接踵而至：市第二届"四大品牌"职业技能大赛"花式咖啡制作"冠军、市第三届咖啡大师赛蝉联冠军、市职业技能大赛花式咖啡制作项目一等奖、欧洲"金厨帽"甜品大赛首届中国赛区非专业组邀请赛最佳味道奖、市蓝带法式料理邀请赛三等奖，她甚至在2023年的世界咖啡师大赛（WBC）中国区总决赛中获"优秀选手"称号，登上中国咖啡竞技的最高舞台！每年的进博会也少不了她的身影，现在的她已经完全能够自如地应对各种场面，侃侃而谈、熟练操作。除了咖啡，她还有很多身份和荣誉：甜品师、小记者、校文艺部干事、市三好学生、国家奖学金获得者……

　　爱笑的晓菲俨然成了咖啡界的小名人，但她没有飘然自得，因为她深知自己需要学习、提升的地方还有很多很多。于是，她卸下光环，开启了在麦咖啡百脑汇旗舰店的实习生涯。经过100小时见习咖啡师的锻炼，她快速掌握了产品的出品技巧与吧台管理经验。毕业前夕，晓菲婉拒了众多咖啡企业的高薪邀请，毅然回到她的咖啡之路的起点，反哺成为学校的咖啡老师。心怀感恩，所遇皆温柔，饮水思源，不负相遇，一切归零，从头开始，晓菲默默给自己定下了更高的目标——冲刺世界咖啡师大赛（WBC）中国区选拔赛。

晓菲的成功，有她自身的不懈努力，更有学校的全力扶持。打开晓菲的"成长轨迹"，看到满满的作品分享和高高上扬的K线图、茂盛的成长树，我由衷地为她骄傲。晓菲的成长，正如她做的意式浓缩咖啡，经过选豆、研磨、萃取等多道工序。晓菲的成功绝非偶然，她就像那一颗颗被精挑细选的咖啡豆，经过老师对她的"仔细研磨"，成为"咖啡粉"；将其小心装入"咖啡手柄"，用布粉器使咖啡粉分布均匀，再用压粉锤压实，抹去周围的"残粉"，让她做到"心无旁骛"；嵌入机器卡槽，选择萃取分量、按键；最后就是"拉花"，点亮她，让她尽显风采。所以，咖啡制作的每个流程如同我们培养学生，都很有讲究，比如时间掌握、粗细把控、轻重得当、"拉花"技巧等等，尤其是"咖啡师"（老师）的状态和一杯"咖啡"（学生）的最后呈现有很大关系。

在我们学校，像晓菲这样尽显其才的同学还有很多，他们也在各个专业或舞台展现自己。比如在第 46 届世界技能大赛烘焙项目上海市选拔赛中获得第一名并晋级全国选拔赛的蓝天同学，还有计算机的、商贸类的同学，等等，可谓百花齐放、百家争鸣。那老师呢？他们也在以自身的追逐和光芒照耀着学生，烘焙专业的仇老师就是众多出彩教师中的一个，她先后获得多次全国烘焙行业"优秀指导教师"奖、市人力资源和社会保障局授予的"金牌指导教练"，主编并出版十四五规划教材《烘焙》，参与上海市《国际咖啡调配师》在线开放课程开发，还申请了《一种可旋转的烘焙模具》的国家专利。

晓菲的成功绝非偶然

为什么当时老师说她适合咖啡呢？晓菲外表甜美、安静；表现沉稳、不急躁；善于自查问题并及时修整；学习好，会自主学习，能做到理论结合实践；不怕挫折，会自我调节。最关键的，是她对自己有充分的认知，对理想信念有执着的追求，以及做事的专注力。她经常一个人面对一台机器，一练就是一整天，而且是持续几个月的连续作战，那样的强度和深度不是谁都可以做到的，没有稳定的内核，怎么可能层层突破、取得那么多成绩；没有底层的核心素养，怎么可能在取得些许成绩后做到不骄不躁。晓菲的成功是老师基于咖啡师应有的素质，体知、体感到了晓菲的那种潜在可能性，才有了今天的晓菲。所以我相信，以晓菲具备的这些学习力、专注力、受挫力等素养，即使是类似于咖啡的其他项目或领域，她也同样有成功的可能性。反观晓菲的成功，不是因为她的学习成绩有多好，学习成绩好的同学有很多，但像晓菲这样成功的却很少，究其原因，是因为她拥有底层的综合素养。

晓菲的成功未必是必然

晓菲开始学习咖啡专业时，正是学校新增了咖啡专业的时候，刚好咖啡专业处于起步阶段，刚好有老师转型成为咖啡老师，刚好建造了咖啡实训室……政策、人力、物力、财力上的保障和力推，必定会出现晓菲，或类似晓菲的同学，所以"晓菲"未必是晓菲，可能是其他"晓菲"。如果没有那些"刚好"、没有老师的体知和体感呢？没有齐全的设备和恰适的环境呢？没有每天大量的咖啡豆和沉浸式训练呢？当然也就不会出现晓菲或"晓菲现象"。所谓天时地利人和缺一不可，所以，一个"成功"的背后隐含着全方位的助推。

更多的"晓菲"期待被发现

随着国家对职业教育越来越重视，蓝领、灰领的舞台更大了。但毕竟"晓菲们"仅属少数，甚至是极少数，"非晓菲们"也需要成长和舞台，也需要收获成功后的喜悦和满足。所以老师们，我们在助推"晓菲们"的时候，希望不仅仅是为了学校的荣誉和声誉、不仅仅是出于老师们对名利和自我追求的在乎、不仅仅是关注"晓菲们"的个体进步和成长、不仅仅重视学生书本知识的习得和成绩的好坏、不仅仅在意我们"在意的"。否则，公平少了、心胸窄了、站位低了、格局小了，这就不是真正意义上的"老师"的所为。

关注"晓菲"更要关注"晓菲"的主体

晓菲成了咖啡界的小名人，可喜可贺之余，我在想，我们平时说的行行出状元，其实还是在按照一个统一的标准来评判个体。事实上，不可能每个人都是状元，状元是分门别类之后某个类别的突出个体的呈现，哪怕一个人在职业技能大赛拿了冠军，得到肯定的还是这个人的技能，而非这个人。人是主体，知识和技能是客体，我们往往把知识和技能看得比人重，把客体看得比主体重，这时，人就成了实现客体的工具，就是作为工具的"人"行，而不是作为人的"人"行。那之前讲的混沌呢？混沌应该是对"人"这个主体而言的吧，在它那里应该是主体比客体重吧。

"晓菲现象"值得被关注、需要被重视，身为教师，更应该要自省。

辉煌的艺术节

艺术节，就是在阳光生态滋养下的整体呈现。东方艺术中心，无疑是最专业、最豪华的艺术殿堂之一，每年都有无数国内外顶尖的艺术团队在此演出，我们居然成为第一个在这里举办属于自己的校园艺术节的中职校；这次艺术节，对我们来说无疑是辉煌的，所有节目都是原创的，都来自我们这些草根师生们的！

艺术节在管乐队的表演中拉开帷幕。

你看，来自四面八方的莘莘学子、追梦少年，拉着拉杆箱，踏着浦江的春潮，汇集到舞台，用舞蹈告诉大家"我们阔步来了"；老师们戴着黑边眼镜、穿着小高跟鞋，神采奕奕地舞出教师风采；诠释"勠力同心、创造辉煌、谱写新篇章的决心和担当"的师生朗诵；计算机教研部学生表演的电脑遭黑客袭击后黑白键对抗的键盘舞；书法、插画、茶艺、武术等社团联合表演的"音诗画"风雅赋；根据我们学校获得全市一等奖的《用心的味道》微电影改编的音乐剧；聚焦各专业特色的T台秀……

最令人感动的、亦将整个《阳光启航，铸就梦想》艺术节推向高潮的，是小品《烛光里的妈妈》：毛毛要参加学校举办的以母亲为主题的演讲比赛，可毛毛的妈妈——张老师整天忙于班主任工作、诊断与改进、专业建设……那天，张老师跟班上的圆圆同学说好，先来老师家里吃饭，下午陪她去看医生。圆圆到老师家的时候，毛毛正在练习演讲，可无论毛毛怎么做，圆圆就是觉得他关于妈妈的演讲没有感情。张老师一到家，就要给圆圆做好吃的，完全没顾及儿子毛毛的感受，张老师的举动终于把他惹生气了，要赶走圆圆，张老师气急，道："圆圆没有爸爸妈妈。"

圆圆悠悠道来："我，是在孤儿院长大的，从没见过父母，也没有吃过爸爸妈妈做的饭，更不知道他们给我煮的泡面是什么味道，我就在想，如果有一天，他们加班到很晚，我也愿意在家门口等他们，等着他们回来，摸着我的头，喊我一声'女儿'，那该有多幸福啊！但是，这些只能在我的梦里出现，现实中的我，感觉特别孤单。直到有一天，我来到了我们学校，看到了张老师，她跟我梦里的妈妈简直一模一样，也有一双大大的眼睛，一头乌黑的长发，连说话的声音都是一样的，软软的、柔柔的，张老师就像我的妈妈一样走进了我的生活，她给了我许多温暖。张老师，你给我的每一次鼓励，每一次找我谈心，我都记得特别清楚，所以我现在一点儿也不孤单。"

张老师深情地望着圆圆："你知道老师第一次看见你笑时有多开心吗？你知道老师希望你永远都那么快乐吗？圆圆，答应老师，今后不管遇到什么事，一定要微笑着去面对。毛毛，妈妈对不起你，但你要知道，圆圆也需要温暖和帮助，妈妈做的这一切，就是希望她能够勇敢地面对生活，让她拥有自信，让她的脸上能够有和你一样阳光灿烂的笑容。毛毛，你记住，妈妈真的很爱你，但是，圆圆更需要爱！"

毛毛惭愧了，说："圆圆，你能跟我一起演讲吗？"

圆圆站到毛毛身边："我做梦都在想妈妈的样子，现在，我知道了，她就是张老师的模样。老师，我能喊您一声'妈、妈妈'吗？"

张老师重重地点头，圆圆轻轻地、犹豫地说："妈妈。"

毛毛催促道："大点儿声。"

"妈妈！"

"再大声点！"

"妈——妈——"圆圆扑进张老师的怀抱。

"妈妈，烛光里的妈妈，你的腰身变得不再挺拔……"歌声响起，全场起立，掌声雷动！

艺术节尾声，同学们穿着毕业服缓缓唱出："我们的故事很多很多，今天我们只讲了几个几个，不知道是否把你感动，如果是这样，让我们说声谢谢，我们的故事很小很小，小得就像星星一颗一颗，多年后是否你还记得，如何是这样，让我们说声谢谢……"

艺术节在《不忘初心》和校歌《阳光前程》的大合唱中落下帷幕。

终于，艺术节完整展示了！

在来宾的赞扬声中，我们就是完美地展示了！

在我们的心中，我们就是精致地诠释了！

全体演职人员上台拍照的瞬间，我站在C位，突然失控泪奔，泪水像决堤的河水，刹那间沾湿了衣襟，前排的演员老师们纷纷回身站起，一圈又一圈，把我箍在中间，心疼地抱住我，任由我眼泪刷刷地流；校领导上台，亦第一时间冲到我面前，我们紧紧相拥。

太难了，整场演出全部自创，全部的歌曲、舞蹈、朗诵、小品、音乐剧……体量太庞大了，演职人员一共四百多人，其中，工作人员全部由学生志愿者担任。我的压力太大了，作为总导演，我第一次从幕后到台前掌控那么多人的团队，而且是在顶尖的艺术殿堂。演出前几周，领导就问我可以请多少嘉宾，我既想多请，又不敢多请，就怕有什么闪失；时间太紧了，真正开始排练到演出刚刚好一个月，所有人几乎不眠不休；太苦了，那么大的活动，肯定耗时耗力，但我们就是不想影响学生上课，所有排练都安排在放学后和休息天，演员们，包括工作人员就算生病都不请假，还有嚼着西洋参在练的；太不容易了，请外援做的多媒体背景，我怎么都不满意，眼看时间紧迫，只能破釜沉舟，让我们计算机专业的学生自己做，整整三天，五位同学没怎么合过眼，最后我一看成果，完美极了，就是我想要的样子。

阳光，是花朵绽放的生命源泉，是让候鸟归来的温柔动

力，是让积雪化作春水的情怀交响。大千世界，处处有阳光，
我们用双眼发现阳光，用双手承接阳光，用心灵汲取阳光。
阳光普照，园丁心坎春意暖；雨露滋润，桃李枝头蓓蕾红，
让我们为青春点赞、为成长喝彩！

没有学校的阳光生态的大环境，就不会有辉煌艺术节的整体
呈现，此次艺术节，必将成为所有师生以及嘉宾心里的永久记忆，
甚至留痕于学校史册。对于我，也必定是我整个职业生涯中最浓
烈的一笔。尽管我们都是草根演员，尽管需要专业团队亲临指导，
尽管我们的表演还有很多瑕疵，但，这都不影响它的成功，不影
响它的影响力。

我是艺术节总导演，似是领导千军万马的将领，但我却不敢
居功。

　　实际上，领导全程在线。看似我在主导，实则是领导亲临指挥，每个节目、每个衔接、每个细节都不轻易放过，领导甚至比我还焦虑。但他尽管焦虑，也还是完全尊重我这个"总导演"的想法；尽管尊重，还是时刻陪伴大家同甘共苦，还经常自掏腰包"贿赂"大家；尽管陪伴，还是适时地给我们提出意见和建议。可谓张弛有度、进退得当，在我眼里，这就是领导最好的"在场"，否则，任凭我再霸气、再强势，也难指挥千军万马，独领风骚。写到这里，我突然掩嘴笑了，我怎么评论起领导来了？但事实是，那么多年，不都是这样的吗？那么多年的上下级，那种在思想引领上的无私精神、亦师亦友的默契，都带给我长久的帮助和收益。

　　同时，还有团队的倾情付出。这次的团队不仅局限于小小的科室，而是全校一盘棋的通力协作，任何一位老师的不配合、不尽力都无法实现艺术节的完美呈现，因为每个小团队都由老师负责，很多节目也都有老师的身影。尤其是负责志愿者团队的卜老师，要带领团队做好舞台灯光、摄影摄像、催场、道具等的协调和运作，光是管乐队的撤场，就要计算好人手数量，甚至哪个椅子谁搬、哪个谱架谁拿，都需要一遍遍操练，不能有任何耽误。看似不起眼的工作，实则需要高度的责任心和协调能力，如果说每个演员、每个节目都是一颗颗珍珠，那他们就是串起这些珍珠的红绳，他们就是幕后英雄、无名英雄，是功臣。

　　此外，艺术节的完美呈现还离不开学生们的投入。那段时间，同学们除了上课，把所有的业余时间都投入到排练中，经常有老师告诉我，他们的节目已经练得很好了，可同学们就是不肯罢手，还要精益求精。那段时间，我没有听到一句同学们的抱怨声，没有看到一个不和谐音符，相反，经常能看到同学们对剧本或节目提出自己的想法、看到他们主动向老师要求多干点的。同学们全情投入的状态除了出于自身对艺术的热爱、对学校事情的重视、对老师布置任务的责任外，还有目睹老师们的执行力、专注力、意志力，以及不怕困难的坚韧力之后受到的鼓舞和感召吧。哪怕是作为观众的同学，当台上的在部队文工团工作的毕业生演唱歌曲时，大家纷纷拿出手机、点亮手电挥舞，那一刻，大家唯恐自己的手举得比别人低，努力配合着歌声，摇曳出星的世界、光的海洋，仿佛自己也是一名台上的演员。我想，那就是师生间心灵相通、彼此感染、齐心协力、共同奋战的完美体现吧。

我不敢居功，因为我不是一个人在战斗，艺术节是一群人的舞台、一个整体的战场。我想，那一刻，我们无须告诉同学什么是责任、什么是追求、什么是专注力、什么是团队协作；我想，那一刻，我们不必用力做榜样，自然就好；我想，那一刻，艺术本身就是一种教育的力量，教育在土中，滋养花果，学生是花果，绽放艺术魅力；我想，那一刻，我们师生共同营造的，就是校园文化的氤氲之气、学校风貌最美的画卷吧。

附录1 何为"阳光德育模式"

"阳光德育模式"的构建,是因为当时我们觉得中职德育面临一些困难:中职生普遍缺乏自信,职业目标与发展目标定位不清晰;德育活动缺乏行之有效的记录平台,未能形成较为成熟的工作模式;学校德育内容针对性不强,内容设计泛化,与学生实际联系不紧密;学校实施德育途径单一,德育教学与专业教学存在"两张皮"现象;德育师资队伍结构存在不合理,德育合力缺乏有效整合,难以有效保障德育工作的顺利开展,等等。

所以在多年前,我们就创建了"活动导入"的德育模式,就是希望通过各种活动,增强学生的自信心,达到我们的教育目的;之后,升级为"心灵导航+职业素养养成"的德育模式。在这基础上,才有了现在的"阳光德育模式",提出在"阳光导航+生涯发展"的框架下明晰目标、思路、内容与保障措施,以"阳光职业人"为核心目标,以"心灵导航、职业领航、发展护航"为主线,加强德育队伍建设,撰写阳光德育系列读本,搭建学生成长轨迹平台,开展阳光系列活动,提升校园环境的育人功能,意欲针对当代中职学生的群体特点与个性需求,遵循"以人为本,科学育人"的理念,发挥学校德育的功能,通过探索实践,开创德专融合的育人路径，做到服务育人个性化、教书育人体系化、管理育人规范化，实现全员、全程、全方位育人。

"阳光德育模式"涵盖五大块内容：

德育队伍建设

我们建设并运行了三支阳光德育队伍，即由德育专家、行业能手、心理专家组成的校外导师队伍建设，对学校德育工作进行督导和培训；校内德育教师队伍建设，以提高教育教学能力、科研水平，增强德育工作的针对性和实效性；学生队伍建设，提高学生干部的自主管理能力。

"阳光读本"编撰

根据中职生的特点，我们从行为规范、心理健康、职业素养等多个主题切入，编写了三套、共计六册具有个性化、有生命力的"阳光读本"，为学生营造了轻松、自主的生态学习环境，让"阳光德育"渗透到学生心田；帮助学生快乐地自主学习，真正成为教育的主人。

基础：《心理健康塑就阳光心灵》   基础：《行为规范伴你阳光前行》
提升：《积极心理塑就幸福人生》   提升：《行为规范成就卓越人生》

（圆环图：心理活动、行为规范、职业素养；中心文字：班主任、文化课老师、专业课老师、学生共同参与）

基础：《职业素养造就阳光职业人》
提升：《职业素养造就成功人生》

学生成长轨迹网络平台搭建

学生成长轨迹网络平台是"阳光德育模式"中的重中之重，是同类学校中第一个记录学生在校期间成长轨迹的可视化信息平台。目的是创新德育管理理念，提升学生的自信心。我们从日常行为规范、职业技能、才艺能力、学习情况、职业道德等五大模块入手，通过学生自主上传在校各种亮点，正面呈现学生成长轨迹 K 线图和成长树，获得阳光成长值。学生可以直观地了解自己的进步，充分满足每一个学生被承认、被肯定的需求，建立学生的自信心，促使学生正确地认识自我，客观地评价自我，长远地发展自我，让学生以自身为标杆，自我成长。

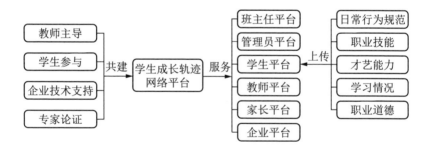

这一包含学生、班主任、教师、学生科、家长、企业等六大通道的开放性平台，为师生提供了在线交流和德育活动发布的新渠道，加强了大数据时代信息化手段在教育教学领域的应用，丰富了学校开展德育管理工作的途径，提升了德育管理工作的实效性。

阳光行动设计

我们以塑造学生阳光心灵为基础，以提升学生职业素养为目标，以培养学生职业能力为核心，在多元智能理论的指导下，通过充分利用校内外资源，多渠道为学生搭建"阳光职业人"展示平台，营造全面、系统、开放、动态的德育"生态环境"。阳光行动分阶段实施，一年级注重心灵导航，提升学生心理健康；二年级侧重职业领航，培养学生职业素养；三年级注重发展护航，为毕业生打开绿色通道。

三年级："发展护航"
分模块开展就业教育，打造阳光职业人：
　　就业教育、就业培训、就业咨询、就业推荐
开展阳光职业人供求校园招聘会

二年级："职业领航"
四大走进活动：走进良友集团；走进张江高科技园；走进东方绿洲；走进高雅艺术
八大智能对应活动：语言智能：辩论赛、英语演讲比赛等　音乐智能：走进大剧院等
　　　　　　　　　数学智能：文字录入比赛等　　　　人际交往智能：学雷锋活动等
　　　　　　　　　空间智能：摄影作品会等　　　　　自我认知智能：积极心理学讲座等
　　　　　　　　　运动智能：拔河比赛、乒乓比赛等　自然观察智能：中华艺术宫观摩等

一年级："心灵导航"
完善心理健康与咨询中心基础设施建设
开展讲座及培训
建立学生心理健康档案，做好基础保障工作
加强《青春报》、校园网、广播站等，争创阳光示范社团
开展校际间的心理健康月活动

环境育人建设

在结合学校校园基建项目建设的同时，我们重新提炼了学校核心文化内涵，师生共同参与设计，制定特色文化标识方案并组织实施。

附录 2 关于"混沌"

混沌为什么会死了呢？这个问题困扰了我很久，发现答案竟是五花八门、各有其说：有的说混沌没有七窍，说明他是个天真之人，凿出七窍后，过度使用、毫无节制，生命快速流失致死；也有的说，混沌之死都是人为智巧惹的祸，是好心办坏事的典型……

在我看来，混沌尽管没有七窍，但它居然什么都知道，还能欣赏歌舞、分辨善恶，甚至拥有运化天地精气的能量，蓄势宇宙世界的诞生。也就是说，没有七窍的混沌原本与天地融会贯通、和谐共处。而被凿出七窍后，它的神奇力量从七窍中流向天地间，反而打破了原本的平衡与和谐。想帮它打破、突破本是好事，但如何打破、突破，得兼顾它本身的质性，甚至不能仅用单一的数据关系加以干涉，而应该用整体的、连续的动态关系加以解释、预测和引导。

那教育呢？每个学生都有各自的特点和长处，亦有自身的发展规律，我们是否应在遵循其规律的同时善加引导、取长补短呢？让他们拥有更多能力固然是好事，但违背其自身强行改变和灌输，往往会适得其反。教育是一场马拉松，急于求成就违背了教育规律。

　　对混沌之死的不同理解和领悟，如同"混沌传说"本身，各有各的版本。对教育呢？各人也有各人的不同理解和侧重点，没有绝对的统一和模板，否则也不会有古今中外层出不穷的教育家。大家可以各抒己见、互相交流，但未必要达成百分之百的一致。

　　教育究竟是什么？怎么做教育？我认为，归根结底，答案在每个人自己的心里。

附录3 关于"案例"

本书收集了我从教以来的很多经典案例，绝大部分为真实呈现，亦有虚构的，如有雷同，还请海涵，切勿对号入座。写下这些案例，本是为启发各位老师与读者的思考，解决方法是个人己见，如有不当，也请见谅！

在写作过程中，我不断问自己，我写的是"案例"吗？何为"案例"？

案例是对事件的陈述及处理对策的阐述，并能引发他人思考及借鉴。人们把案例作为一种工具，通过分享，进行说服、教育，用以证明一个理论，或者证明一种思想。

我不想说服，也不想教育，更无必要、无理由证明一个思想或理论，甚或一个道理。于我，不希望这些案例仅仅是"案例"，因为，它们是我一辈子深藏内心、积蓄已久的"容貌们""事情们""回忆们"，其间融入了我太多的情感和温度。于我而言，它们无比珍贵，值得我永久珍藏。但今与君分享，是将自己的内心昭示于你，那就不仅仅是"案例"，而是我内心的羽毛，最美、最亮的羽毛，汇聚成那一个个片段、一尊尊容貌、一段段回忆，它们始终照耀着我前行，抑或将来仍在照耀，或许此刻，也有些许照耀于你。

这种说不清道不明的情愫，如果一定要给它个名字，我希望是"吉光片羽"！

附录4 关于"书名"

张衡在《思玄赋》中曰："悲离居之劳心兮，情惆惆而思归。"晋石崇也在《思归引》序中写道："困于人间烦黩，常思归而永叹。"在这里，两位古人所表达的，都是远离故乡的游子在思念自己的家乡，即所谓"思归"。"思"即思念，"归"是归还、归去。有距离才会思念，有思念才想归去。那思念要归往何处？故乡究竟在哪里？

曹雪芹通过《红楼梦》中"好了歌"里的一句"乱哄哄你方唱罢我登场，反认他乡是故乡"，想表达的是：《红楼梦》里的男男女女，经历了红尘乐事和美中不足之后，最终都离开了这场虚幻，大观园里曾经的姹紫嫣红、良辰美景，到结局，却是荒冢一堆。本以为曾经鲜活地存在过的地方就是故乡和归处，哪知仅仅是这一世的暂住地、中转站，而不是真正的、永久的故乡，人早晚都会离开。正所谓"年年岁岁花相似，岁岁年年人不同""人生代代无穷已，江月年年只相似"。

那"思"究竟该归何处呢？人真正的故乡又在哪里呢？人的身体只是躯壳，是生命的载体，是有限的，而生命的本体却是生生不息的，如同江川河流。故而，人真正的故乡实则是人的心灵。

人作为身体的存在受时空限制，而精神，却能影响人、甚至一代一代的人，精神传播是可以无限延续的，是散点式的延续，不受时空限制，生生不息。

这种承载文化信息的精神传播是一种文化上的血缘，在基因学上，英国著名生物学家道金斯称之为人类特有的"觅母现象"。即人有"形而下"和"形而上"两种存在。"形"就是形体，看得见的是"形而下"，比如我们身体所需的吃、睡等各种需求，这种需求，都是"他乡"，不是"故乡"；看不见的是生命之外的"形而上"，当你寻找自己的亲戚、自己的血缘，是身体在寻找，而当你被一本书打动，就像寻觅到了你文化上的亲戚、灵魂上的血缘，这种能影响你灵魂的就叫"形而上"，就是一种"觅母现象"，因为书是生命之外的生命，你找到了一个与之相通的生命，继而在你的灵魂深处得到滋养。作为老师你又把这些传递给你的学生，这种觅母的广义残存，就是真正的生命唤醒。好比一棵树，看得见的是树叶、树干，是表面上可以依靠支撑的"形而下"；看不见的是树根，树根吸收营养树才得以生长，这是"形而上"。

所以，我们平时说的生命，只是承载你真正生命的躯壳，一个载着心灵的皮囊，只是一个过客，而真正的"思归"的故乡，是"形而上"的心灵，是行走的灵魂。

为什么本书叫"'育'归何处"，因为"育"和"思"一样，在每个人自己的心里。真正影响人的不是衣食住行的需求，而是"形而上"的精神"觅母"，这才是真正意义上的生命教育、灵魂碰撞、思想影响，这才是真正的"教育"！

那封面上呈现车轮留下的两排印痕，我叫它"双辙"，而且，它具有双重性：

第一重"双辙"就是"学"和"习"。

学是学知识、学做人，习是实践。德国有双元制，学生可以同时接受学校教育和企业培训；澳大利亚有学分制的 TAFE，灵活的教育规则就像魔方一样，换一个角度就能对应一个途径，使学生在学习一个阶段和转入另一个阶段之间有退有进，有选择的余地。学和习不能被割裂，尤其是职业教育，所学知识和技能需要在实践中加以巩固，学做人亦需要在社会及企业中去磨炼、去提升。

第二重"双辙"就是"德"与"知"。

在古代，德与知是一体的，之后才被人为割裂。"德"，就是学做人，我们称之为德育。而这里的"知"不是指的知识的知，而是认知、认识。

首先，人要认识自己。都说日久才能见人心，可见我们很难真正认识一个人，因为人有很多侧面，而且在不断变化中，哪怕对自己，跟自己相处了一辈子，我们也做不到完全了解、完全认识，往往要用很长的时间去了解不断更新的自己。孔子说："君子之过也，如日月之食焉。过也，人皆见之；更也，人皆仰之。"我们认识自己，需要学会每天自省，跳出自己的局限来重新观看、审察自己的所为是否正确，不是为了让人仰慕，而是做更好的自己。正如海德格尔所说，自我认知是人的精神发展的重要阶段，人们要理解自己的本质和意义，就需要自我反思和自我超越的态度，如此才能实现个人成长和发展。

其次，人要认识自然。这里的"自然"，是指天然物、自然物，不是如桌子、房子这样的人造物。认识自然，是要认识所有事物的本质，它的本质是什么、根据是什么。所有的自然物都有生命，都有自己的生命性表达。你看这座山，它一年四季不断变化着颜色，这就是它的生命性表达，你看这个风、这个水流，它们都有自己生命性的表达，万事万物都有生命之间的联系，而这种联系是内在的，看不见的。尽管人类在不断研究事物之间的内在联系，但也不能知其全部，所以"知"是万物的本质和根据，作为具有生命性表达的人的生命体，就要了解、掌握万事万物，以及人与自然的联系、本质和根据，这就要求我们不断自省，自省才会进步，自省才会自律，自律才会知道该做什么，不该做什么，才能更好地体现自己的生命价值。

"德"和"知"本来是合一的，只是后来，人们人为地把它分化成了很多学科，不断分裂、分开。王阳明说德知要合一，事实上，德、知就是双辙，但这双辙也仅仅是一个载体，是一辆车，是一个人，我在封面上隐去了，因为他们只是身体或名字，是运载心灵的工具，尽管都真实存在、真实上演过，但都会像影像一样过去，最终留下的精神，才是最值得去传播的生命价值，它会触动很多人，会融进人的生命血液。只有可以通过觅母现象得以延伸的、让整个世界生生不息的，才是真正的"生命"！那老师呢？老师就是双辙这个载体中的"人"，老师如果没有根本的知，就没有可以教人的东西，怎么可能成为老师？但如果没有德，那就更不能成为老师，因为这样的老师不仅不能正确引导，甚至还会起相反的作用。每个人都要自我教育，老师在让学生自我教育的同时，自己也需要自我教育，这样才能从混沌中的很多散点、很多碎片、很多实际遇到的碰撞中，共同承载心灵，焕发出本体生命的交融、灵魂的互通。

所以，车辆的前后一组轮子会压出两条车辙，左右两组，共四条，它们互相配合、互相统一、互相补充、互相交融、合一前行。这就是我想要表达的具有双重性的"双辙"的含义。双辙弯曲，似同教育之路其修远兮，但这条路最终通向初升的太阳，吾要上下而求索。

教育究竟是什么？教育的本质在哪里？教育终究要归往何处？我将各种散点归结起来，并不是在教方法，或是一个途径、一个框架、一个模式，而只是引发大家的思考。而我，终于明白，教育，最终是归到每个人自己的心中，只有自己的心灵才是真正的故乡、才是真正的教育的归处！

附录 5　关于"我"

　　我曾请同学们上台，在黑板上写下最喜欢和最讨厌的老师的样子。那反过来呢，我又希望我的学生是什么样子的呢？或者说，我希望走出校园踏向社会的学生应该是什么模样的呢？有正确的三观、自信、开朗、活跃、有学习能力、善于自我剖析、有责任、有担当……好吧，那终究是我喜欢的类型，每位老师喜欢的类型一定是不一样的，况且，我们喜欢的就一定是学生自己喜欢的吗？我们不可能把所有学生都刻成一个模子吧。

　　每个人都有自己的独特性，不一定要完美，真实就好；不一定要人人喜欢，自洽就好；不一定要多才多艺，内心充盈就好；不一定要成绩斐然，有进步就好、人无完人、独特就好。你看，李白洒脱飘逸、热情豪迈、不攀权贵、天真烂漫，但却高度自负、嗜酒成性；杜甫执着、勇敢、正直、感性，富有创造性，但却敏感、易怒；苏东坡胸怀旷达，是公认的有趣的灵魂，但过于直言不讳、不计后果。他们尽管都学识渊博、才华横溢，但有各自的缺点和不足。千古留名的人况且如此，何况我们这些凡夫俗子。

　　说说我自己吧，我追求李白的洒脱、杜甫的执着、苏轼的有趣，我直率、霸气、言传身教，但我也敏感如杜甫、直言如苏轼、自负如李白，我会在学生面前主动暴露自己的缺点，甚至自嘲；我喜欢逗学生，也喜欢模仿别人；我追求时尚，也热爱教育事业；我活跃闹腾，但也会自怨自艾，尤其是工作不顺心时，还会闹点小脾气，得等着领导哄；我多数时候讨人喜欢，但也有讨人厌的时候。

我就是我，向光而行、为爱而生。我有我的个性、我有我的魅力：不揉沙子的眼睛、雷厉风行的作风、率真耿直的性格、时尚 fashion 的风格、童心未泯的内心。我不一定要人人喜欢，我自己喜欢就行，但我也喜欢反省自己，及时调整状态。每当我工作不顺时，听到学生"肖科，肖科"地叫着，所有的累、苦、心酸、郁闷、遗憾、不甘，全部烟消云散了。我的情绪来得快，去得也快，关键是我经常会跳出自我，站在自己的背后，以旁观者的角度省视自己。我特别感激帮助我、成全我的人，我也感谢给我制造挫折和委屈、令我沮丧的人，因为他们都是我跨越的动力和成长的阶梯。最近，在朋友们的诱惑下，我做了最近很火的 MBTI 性格测试，我居然是 ENFJ，属于谆谆教诲的教育家类型，资料上说，这类人经常是看到一个人应该成为的样子，而不是这个人现在实际的样子，如果是老师的话，他眼里的学生就是这个学生应该变成的样子。看来，我天生就是做老师的料哦。

亲爱的读者，您现在认识我了吗？但我不想让大家仅仅是认识一个姓肖的老师，而是一个完整的、独特的、有自己魅力的肖老师。

这两天，我还和女儿在讨论一件事，就是自省是为了做更好的自己，那怎样才算是最好的自己呢？我们究竟要做怎样的人，抑或是，我们此生追求的幸福究竟是个什么样的目标呢？

女儿认真思考后写下了这样一段话：觉察欲望、看清能力，幸福就是在能力范围之内选择欲望、追逐欲望、实现欲望。若无法掌控欲望，心的修行能让内核更强大。或退而求其次，一是改变环境，向上社交激发欲望，向下兼容知足常乐；二是提高能力，拥有更多的欲望选择空间。

她继而又补充：让自己的心可以指哪儿打哪儿，是一种自我掌控力。

我说，为什么要用"欲望"这两个字，不能改成"目标"吗？她说，老妈，你想岔啦，欲望在这里不是贬义词哦，我理解的是中性词啊。好吧，我说，我同意作为中性词的"欲望"，不同意它的贬义向度上的表达。

争论在持续升温……

亲爱的读者，您看，我和女儿经常会讨论，有时候还会争得面红耳赤，但无妨，道理越辩越清、人生越辩越明。至于谁对谁错，也无妨，甚或本就无对错之分，因为人生的很多道理不是靠别人灌输的，而是需要自己去感悟。

所以啊，"幸福"不也是在每个人自己的心里吗？

后　记

　　我把三十八年从教生涯中的碎片、散点，融汇在这本小小的书里，再次感受、体味着已成过去的每一个瞬间、每一位人物、每一次交融、每一片羽毛，喜怒哀乐、甜酸苦辣再次涌满心间。我真切感到，做老师不易，写书亦难。

　　也不知道我写的算不算一本书，抑或只是职业生涯总结？自传？回忆录？还是仅仅在孤芳自赏？但随着写作的推进，我蓦然发现，我的三十八年的教师生涯竟然是在一种无意识、不经意的"混沌生态"之中度过的，那种无知无畏，那些所谓胸怀、包容，都是由内而外的自然流露，都是没有经过思考再去反哺自己的实践，就是按照自己内在感知的原生状态去做的。我猛然醒悟，之前的不明所以的"混沌"以及"体知""体感"竟然是可以追根溯源的，那些得意、欣喜、颓丧、懊恼，那些我孜孜不倦执着眷恋的学生，以及那些"碎片"，竟然就是那些"混沌"中的"片羽"，闪烁着"吉光"，蜂拥如天上繁星，它们终究汇聚成育人的理念，激励我潜心研究教育的本质，运用到我今后的教师舞台上，启发我们的年轻班主任，引出彼此的无限可能。我突然警醒，书到用时方恨少，思维的枯竭源自知识的匮乏，我想，余生我会以书为伴、以书激励、以书充盈。我终于知道，我是谁、我做了哪些、我做这些的意义是什么，什么才是真正的教育——真正的教育终究是 AI 无法替代的。

三十八年来，我笑过、哭过、得意过、生气过、纠结过、崩溃过，也后悔过、不甘过，但我依然热爱这份工作、热爱我的学生。我的青涩年华、我的莽撞岁月、我的收获季节、我的收官时刻，无一不是我投入整个身心的生命在场、生命体验，浸润在我心中的那片阳光中。有人对我说，你只要见到学生，就会眼睛放光；有人对我说，你这辈子都离开不了学生；有人对我说，你就是为学生工作而生的；也有人对我说，对你最大的惩罚就是不让你上台拿话筒；还有人对我说，别人都是盼着放假，你是放假盼着上班……

人生只有一次，教育也无法重来。"弱水三千，只取一瓢。"我终于沉下心回望自己走过的路，跳出自我，思考自己的得与失、对与错，与自己和解，实现自知、自省、自洽。

这一刻，我搁下笔，点上香薰，捧一杯醇香的手冲咖啡，播放一首我最爱的萨克斯乐曲"Right Here Waiting"，蜷缩进我那张阳台上的"芝华士"椅，翻开一直想看的、女儿推荐的《社会学的邀请》……

肖卫民

2024 年 5 月 13 日

图书在版编目(CIP)数据

"育"归何处/肖卫民著. —上海:上海人民出
版社,2024
ISBN 978 - 7 - 208 - 18895 - 2

Ⅰ.①育… Ⅱ.①肖… Ⅲ.①中等专业学校-德育工
作-研究 Ⅳ.①G711

中国国家版本馆 CIP 数据核字(2024)第 088023 号

责任编辑 金 铃
封扉设计 人马艺术设计·储平

"育"归何处

肖卫民 著

出 版 上海人民出版社
  (201101 上海市闵行区号景路 159 弄 C 座)
发 行 上海人民出版社发行中心
印 刷 上海商务联西印刷有限公司
开 本 890×1240 1/32
印 张 8
插 页 2
字 数 151,000
版 次 2024 年 5 月第 1 版
印 次 2024 年 5 月第 1 次印刷
ISBN 978 - 7 - 208 - 18895 - 2/G·2187
定 价 48.00 元